어린이 묵상나이테리

꿀보다 달콤한 말씀과 함께 365일

하나님을

경험하는 삶

요단

365일 하나님을 경험하기를 소망하는

_____ 님께 드립니다.

_____ 드림

12월의 주제: 영적 성숙

12/31
December

오늘의 할일

✓
✓
✓

하나님은 우리에게 일을 맡기실 때 그 일을 완수할 수 있는 능력도 반드시 주십니다.

사람아, 그분이 네게 말씀하셨다. 무엇이 선하며, 여호와께서 너희에게 요구하시는 것이 무엇이냐? 그것은 의를 행하고 인자를 사랑하며 너희 하나님과 함께 겸손히 행하는 것이 아니냐? 미가 6:8

He has showed you, O man, what is good. And what does the LORD require of you? To act justly and to love mercy and to walk humbly with your God. Micah 6:8

하나님을 경험하는 삶의 일곱 가지 실체

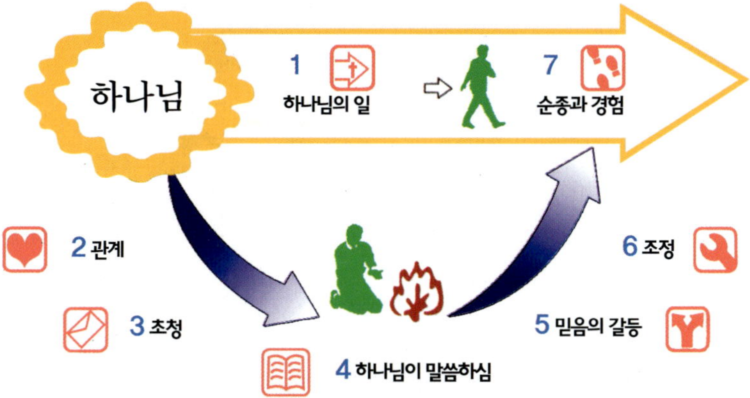

- 하나님
- 1 하나님의 일
- 7 순종과 경험
- 2 관계
- 3 초청
- 4 하나님이 말씀하심
- 5 믿음의 갈등
- 6 조정

12월의 주제: 영적 성숙

12/30

December

오늘의 할일

- ✓
- ✓
- ✓

하나님과의 교제요 이 노니아는 그분을 실질적이 고 개인적으로 경험하는 데서 출발합니다.

교훈에 순종하는 사람은 자기 생명을 지키나,
말씀대로 살지 않는 사람은 죽을 것이다.

잠언 19:16

He who obeys instructions guards his life, but he who is contemptuous of his ways will die.   Porverbs 19:16

1월의 주제: 꿈과 비전

내가 너를 큰 나라로 만들어 주고, 너에게 복을 주어, 너의 이름을 빛나게 할 것이다. 너는 다른 사람들에게 복이 될 것이다. 　　　　창세기 12:2

I will make you into a great nation and I will bless you; I will make your name great, and you will be a blessing.

Genesis 12:2

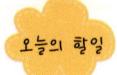

오늘의 할일

1/**1**

January

하나님은 항상 우리 주위에서 일하고 계세요.

12월의 주제 : 영적 성숙

부드러운 말은 송이 꿀과 같아서, 영혼에 달며 뼈를 치료한다.
잠언 16:24

12/ **29**

December

오늘의 할일

- ✓
- ✓
- ✓

그리스도의 몸인 교회에서 자기자신을 내세우는 것은 예수님의 머리로서의 권위를 도둑질하는 것입니다.

Pleasant words are a honeycomb, sweet to the soul and healing to the bones. Proverbs 16:24

7월의 주제 : 봉사와 섬김

너희 가운데 큰 자는, 너희의 종이 될 것이다.
마태복음 23:11

 오늘의 활일

7/**1**

July

성령님 안에서 하나님의 뜻과 일치되는 기도를 해야해요.

The greatest among you will be your servant.

Matthew 23:11

6월의 주제 : 선교 / 전도

지혜로운 사람은 하늘의 밝은 별처럼 빛날 것이다. 사람들을 올바른 길로 이끈 사람은 영원히 별처럼 빛날 것이다. 다니엘 12:3

6/30

June

오늘의 할일

Those who are wise will shine like the brightness of the heavens, and those who lead many to righteousness, like the stars for ever and ever. Daniel 12:3

✓
✓
✓

하나님은 주도권을 잡고 우리를 통해 하기 원하시는 것을 우리에게 기도하게 하세요.

7월의 주제 : 통사와 섬김

오늘의 할일

7/2

July

우리가어떤문제에대해기
도하면성령님께서하나님
의말씀을통해우리의마음
과생각에말씀해주세요

모든 마음과 모든 지식과 모든 힘을 다하여 하나님을 사랑하고, 이웃을 자기 자신처럼 사랑하는 것이, 다른 모든 번제물이나 희생 제물보다 더 중요합니다. 마가복음 12:33

To love him with all your heart, with all your understanding and with all your strength, and to love your neighbor as yourself is more important than all burnt offerings and sacrifices. Mark 12:33

6월의 주제: 선교 / 전도

보아라! 내가 속히 가겠다! 내가 상을 가지고 가서,
너희가 행한 대로 갚아 주며 상을 베풀 것이다.
요한계시록 22:12

6/

June

Behold, I am coming soon! My reward is with me, and I will give to everyone according to what he has done. Revelation 22:12

✓

✓

✓

하나님은 기도 가운데 성령님을 통하여 그의 백성들에게 말씀하세요.

7월의 주제 : 봉사와 섬김

7/3

July

성령님은 우리가 기도할 때 하나님의 뜻을 알도록 도와주세요.

주어라, 그러면 너희에게도 주어질 것이다. 되를 누르고 흔들어 넘치도록 재어서 너희의 품에 안겨 주실 것이다. 너희가 남에게 줄 때에 잰 분량만큼 너희가 도로 받을 것이다.   누가복음 6:38

Give, and it will be given to you. A good measure, pressed down, shaken together and running over, will be poured into your lap. For with the measure you use, it will be measured to you.   Luke 6:38

6월의 주제 : 선교 / 전도

생명책에 이름이 기록되지 않은 자들은 누구든지 다 불 못에 던져졌습니다.   요한계시록 20:15

6/**28**

June

오늘의 할일

If anyone's name was not found written in the book of life, he was thrown into the lake of fire.   Revelation 20:15

✓
✓
✓

하나님이 성경을 통해 말씀하셨다면 우리는 그 말씀대로 우리 삶을 바꿔야 해요.

7월의 주제 : 봉사와 섬김

오늘의 할일

7/**4**

July

성령님께서는 하나님이 우리를 위해 갖고 계신 계획을 위해 우리가 기도하게 만드십니다.

아주 작은 일에 충실한 사람은 많은 것에도 충실하다. 아주 작은 일에 충실하지 못한 사람은 많은 것에도 충실하지 못하다. 누가복음 16:10

So if you have not been trustworthy in handling worldly wealth, who will trust you with true riches? Luke 16:10

6월의 주제: 선교 / 전도

그리스도께서는 여러분을 위해 죽으셨습니다. 그리고 그 한 번의 죽으심으로 여러분의 모든 죄를 담당하셨습니다. 죄가 없는 분이시지만 죄인을 대신하여 돌아가셨던 것입니다. 그것은 여러분 모두를 하나님께로 인도하기 위함이었습니다. 육체는 죽었지만 성령 안에서 다시 살아나셔서, 베드로전서 3:18

6/27

June

오늘의 할일

For Christ died for sins once for all, the righteous for the unrighteous, to bring you to God. He was put to death in the body but made alive by the Spirit. 1 Peter 3:18

✓
✓
✓

하나님이 성경을 통해 우리에게 그분의 뜻을 가르쳐 주셨다면 우리는 우리 안에서 일하고 계신 하나님을 만난 것입니다.

7월의 주제 : 봉사와 섬김

오늘의 할일

7/**5**

July

_____
_____
_____

하나님이 우리의 기도를 들어 주실때 하나님은 영광을 받으시고 우리의 믿음은 성장합니다.

그러므로 성도 여러분, 나는 하나님의 자비로써 여러분에게 권합니다. 여러분의 몸을 하나님을 기쁘시게 하는 거룩한 살아 있는 제물로 드리십시오. 이것이야말로 여러분이 마땅히 드려야 할 영적인 예배입니다. 로마서 12 : 1

Therefore, I urge you, brothers, in view of God's mercy, to offer your bodies as living sacrifices, holy and pleasing to God-this is your spiritual act of worship.

Romans 12:1

6월의 주제 : 선교 / 전도

마음속에 그리스도만 거룩한 주님으로 모시십시오. 여러분이 가지고 있는 소망에 관해 묻는 사람들에게 대답할 말을 준비해 두십시오.

베드로전서 3:15

6/26

June

오늘의 할일

But in your hearts set apart Christ as Lord. Always be prepared to give an answer to everyone who asks you to give the reason for the hope that you have. But do this with gentleness and respect.   1 Peter 3:15

✓
✓
✓

성령님은 하나님의 방법으로 우리를 교훈하기 위해 하나님의 말씀인 성경을 사용하세요.

7월의 주제 : 봉사와 섬김

오늘의 확일

7/**6**

July

우리가 이기적인 욕심을 버리고 기도할 때 성령님은 하나님의 뜻에 맞는 기도를 하도록 도와주세요.

이런 마음으로 그리스도를 섬기는 사람은 하나님을 기쁘시게 하고 사람들에게도 인정을 받습니다.
로마서 14:18

because anyone who serves Christ in this way is pleasing to God and approved by men.   Romans 14:18

6월의 주제 : 선교 / 전도

그러나 그대는 항상 자신을 돌아보며, 고난 받는 것을 두려워하지 마십시오. 복음을 전하는 일에 힘쓰며, 하나님의 종으로서 해야 할 일을 꿋꿋이 하십시오.   디모데후서 4:5

6/25

June

오늘의 할일

But you, keep your head in all situations, endure hardship, do the work of an evangelist, discharge all the duties of your ministry.   2 Timothy 4:5

✓
✓
✓

하나님은 그분이 정하신 방법대로 우리 각자에게 독특하게 말씀하세요. 그래서 우리는 하나님의 음성을 알게 되고 그분을 따라가게 됩니다.

오늘의 말씀

7/7

July

성령님은 절대로 성경에 위배되게 우리를 인도하지 않으세요.

여러분 자신의 유익을 위해서 내가 이런 말을 하는 것이지 여러분을 속박하려고 그러는 것이 아닙니다. 나는 여러분이 나뉘지 않은 마음으로 자신을 주님께 드려 바르게 생활하기를 바랄 뿐입니다. 고린도전서 7:35

I am saying this for your own good, not to restrict you, but that you may live in a right way in undivided devotion to the Lord. 1 Corinthians 7:35

6월의 주제: 선교 / 전도

언제 어디서나 항상 하나님의 말씀을 전하십시오. 사람들에게 마땅히 해야 할 일을 가르치고, 잘못을 바로 잡아 주며, 격려해 주십시오. 끝까지 참고 그들을 잘 가르쳐야 합니다.   디모데후서 4:2

6/24
June

오늘의 할일

Preach the Word; be prepared in season and out of season; correct, rebuke and encourage- with great patience and careful instruction.
2 Timothy 4:2

✓
✓
✓

하나님의 방식으로 하나님의 목적이 이루어질 때 그분은 영광을 받으십니다 그래서 우리는 하나님의 방법으로 하나님의 일을 해야해요.

오늘의 할일

7/8

July

우리가 기도를 통해서 느끼는 것이 성경말씀과 상반되는 것이면 그것은 잘못된 것입니다.

그러므로 나의 사랑하는 성도 여러분, 굳게 서서 흔들리지 말고 항상 주님의 일을 위해 자신을 드리십시오. 주님을 위해 일한 여러분의 수고는 결코 헛되지 않는 것임을 기억하시기 바랍니다.

고린도전서 15:58

Therefore, my dear brothers, stand firm. Let nothing move you. Always give yourselves fully to the work of the Lord, because you know that your labor in the Lord is not in vain.

1 Corinthians 15:58

6월의 주제: 선교 / 전도

그러므로 우리 주 예수님을 증거 하는 것을 부끄러워하지 마십시오. 또한 주님을 위해 감옥에 갇힌 나에 대해서도 부끄러워하지 말기 바랍니다. 오히려 복음을 위해 함께 고난을 받으십시오. 하나님께서 이 모든 것을 할 수 있는 능력을 주실 것입니다.   디모데후서 1:8

6/23

June

오늘의 할일

So do not be ashamed to testify about our Lord, or ashamed of me his prisoner. But join with me in suffering for the gospel, by the power of God.   2 Timothy 1:8

✓
✓
✓

예수님은 하나님의 방법을 사용하셔서 오천명을 먹이시고 열두광주리의 음식을 남기셨어요.

오늘의 할일

7/9
July

하나님은 언제나 우리가 구하거나 생각한 것보다 더 많은 것을 주십니다.

하나님은 우리가 여러 가지 환난을 당할 때 위로해 주셔서, 우리가 하나님께 받은 위로로써 여러 환난을 당한 사람들을 위로할 수 있게 하셨습니다.

고린도후서 1:4

who comforts us in all our troubles, so that we can comfort those in any trouble with the comfort we ourselves have received from God. 2 Corinthians 1:4

6월의 주제: 선교 / 전도

여러분은 우리의 소망이요, 기쁨이요, 면류관입니다. 우리 주 예수 그리스도께서 다시 오시는 그 날, 우리는 여러분을 자랑스러워할 것입니다.

데살로니가전서 2:19

6/**22**

June

오늘의 할일

For what is our hope, our joy, or the crown in which we will glory in the presence of our Lord Jesus when he comes? Is it not you?   1 Thessalonians 2:19

✓
✓
✓

하나님의 길만이 그분의 목적을 이룰 수 있는 유일한 길이기 때문에 하나님은 그것을 우리에게 보여주시며 그 길을 가게 하십니다.

7월의 주제: 봉사와 섬김

오늘의 할일

7/**10**

July

우리가 어떤 것을 기도하고 있다면 그것에 대해 하나님이 어떻게 역사하시는지 기대해 보세요.

이 모든 것은 하나님께로부터 왔습니다. 하나님께서는 그리스도를 통해 우리를 자신과 화목시키시고 또한 우리에게 화목의 직분을 맡기셨습니다.

고린도후서 5:18

All this is from God, who reconciled us to himself through Christ and gave us the ministry of reconciliation:

2 Corinthians 5:18

6월의 주제: 선교 / 전도

하나님께서 이렇게 말씀하셨습니다. "내가 은총을 베풀 때에 너의 말을 들었고, 구원의 날에 너를 도왔다." 보십시오. 지금이 하나님께서 은총을 베푸실 때이며, 지금이 구원의 날입니다. 고린도후서 6:2

6/21

June

오늘의 할일

For he says, "In the time of my favor I heard you, and in the day of salvation I helped you." I tell you, now is the time of God's favor, now is the day of salvation.

2 Corinthians 6:2

✓
✓
✓

하나님의 일을 우리의 방법으로 하려고 하면 결코 하나님의 크신 능력을 경험할 수 없어요.

7월의 주제 : 봉사와 섬김

오늘의 활용

7/**11**

July

하나님이 기도에 응답해 주시길 원한다면 하나님이 정하신 시간까지 기다려야 합니다.

이런 사실을 명심하십시오. 적게 심는 사람은 적게 거두고, 반대로 넉넉하게 심는 사람은 넉넉하게 거둡니다.

고린도후서 9:6

Remember this: Whoever sows sparingly will also reap sparingly, and whoever sows generously will also reap generously.

2 Corinthians 9:6

6월의 주제: 선교 / 전도

내가 복음을 전한다 해도 자랑할 것이 없는 것은 그것이 내가 당연히 해야 하는 일이기 때문입니다. 만일 내가 복음을 전하지 않는다면 나에게 화가 내릴 것입니다.   고린도전서 9:16

6/20

June

오늘의 할일

Yet when I preach the gospel, I cannot boast, for I am compelled to preach. Woe to me if I do not preach the gospel!
1 Corinthians 9:16

✓
✓
✓

하나님의 일은 우리의 방법으로 이룰 수 없어요. 다만 하나님만이 하실 수 있어요.

7월의 주제: 봉사와 섬김

오늘의 확일

7/**12**

July

우리와 사랑의 관계를 갖고 계신 하나님은 우리 인생에 무슨 일이 일어나는지 적절한 시간에 가르쳐 주세요.

여러분은 성령 안에서 평안의 매는 끈으로 한 몸이 되었습니다. 하나가 되도록 힘쓰고 여러분 가운데 늘 평화가 깃들도록 노력하십시오.

에베소서 4:3

Make every effort to keep the unity of the Spirit through the bond of peace. Ephesians 4:3

6월의 주제: 선교 / 전도

내가 전한 말이나 선포한 것들은 지혜롭고 설득력 있는 말들이 아니라 성령의 능력을 드러내는 것이었습니다.
고린도전서 2:4

6/19

June

오늘의 할일

My message and my preaching were not with wise and persuasive words, but with a demonstration of the Spirit's power,
1 Corinthians 2:4

✓
✓
✓

하나님의 길과 계획은 우리의 것과 많이 다릅니다.

7월의 주제 : 봉사와 섬김

오늘의 말씀

7/**13**

July

오직 성령님만이 하나님이 우리 인생에서 무엇을 하고 계신지 어떤 목적을 갖고 계신지 알고 계세요.

우리에게 이 모든 선물을 주신 것은 하나님의 백성들을 섬기도록 준비시키기 위한 것입니다. 서로 섬김으로 그리스도의 몸인 교회를 더욱 강하게 세우기 위한 것입니다.

에베소서 4:12

To prepare God's people for works of service, so that the body of Christ may be built up.

Ephesians 4:12

6월의 주제: 선교 / 전도

그들이 보냄을 받지 않았다면, 어떻게 선포할 수 있겠습니까? "좋은 소식을 전하는 사람들의 발이 얼마나 아름다운가!"라고 기록된 말씀처럼 말입니다.
로마서 10:15

6/ **18**

June

오늘의 할일

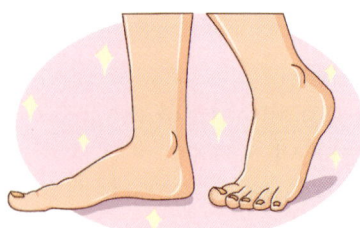

And how can they preach unless they are sent? As it is written, 'How beautiful are the feet of those who bring good news!' Romans 10:15

✓
✓
✓

우리가 하나님을 위해 무엇을 할까 계획하는 것이 아니라 하나님이 그분의 목적과 계획을 보여주시기 위해 우리에게 말씀하십니다.

7월의 주제: 봉사와 섬김

오늘의 할일

7/**14**

July

우리의 삶을 하나님의 손에 맡겨서 하나님이 우리를 통해 그분의 목적을 이루시도록 해야합니다.

그러므로 여러분은 자신의 생활을 늘 살피십시오. 어리석은 자처럼 살지 말고, 지혜롭게 행동하십시오. 때가 악하니 가능하면 선한 일을 할 수 있는 기회를 잘 붙드시기 바랍니다.   에베소서 5:15-16

Be very careful, then, how you live-not as unwise but as wise, making the most of every opportunity, because the days are evil.

Ephesians 5:15-16

6월의 주제: 선교 / 전도

그것은 '누구든지 주님의 이름을 부르는 자는 구원을 얻을 것'이기 때문입니다. 로마서 10:13

For, 'Everyone who calls on the name of the Lord will be saved.'

Romans 10:13

6/17

June

오늘의 할일

✓
✓
✓

하나님은 하신다고 한대로 하실 수 있는 분이심을 믿어야 합니다.

7월의 주제 : 봉사와 섬김

오늘의 할일

7/**15**

July

우리가 어렵거나 혼란스런 환경에 처했을 때 성령님은 우리의 환경을 하나님의 관점에서 이해하도록 도와주세요.

사람에게 하듯이 하지 말고, 그리스도를 섬기듯이 기쁜 마음으로 주인을 위해 일하십시오.

에베소서 6:7

Serve wholeheartedly, as if you were serving the Lord, not men.   Ephesians 6:7

6월의 주제: 선교 / 전도

여러분이 만일 여러분의 입으로 "예수님은 주님이시다"라고 고백하고, 또 마음으로 하나님께서 그리스도를 죽은 자들 가운데서 다시 살리신 것을 믿으면, 여러분은 구원을 얻을 것입니다. 로마서 10:9

6/ **16**

June

오늘의 할일

That if you confess with your mouth, "Jesus is Lord," and believe in your heart that God raised him from the dead, you will be saved. Romans 10:9

- ✓
- ✓
- ✓

하나님은 우리의 믿음을 성장시켜 주시려고 그분 자신을 보여주세요.

7/**16**

July

혼란스러운 환경에 처해도 하나님을 원망하지 마세요. 다만 하나님의 뜻을 보여 달라고 기도하세요.

자기 생활을 열심히 하면서 다른 사람이 하는 일에도 관심을 가져 내 마음에 기쁨이 넘치게 해 주십시오.

빌립보서 2:4

Each of you should look not only to your own interests, but also to the interests of others.   Philippians 2:4

6월의 주제 : 선교 / 전도

죄의 대가는 죽음이지만, 하나님의 선물은
우리 주 예수 그리스도 안에 있는 영생입니다.
로마서 6:23

6/ 15

June

오늘의 할일

For the wages of sin is death, but the gift of God is eternal life in Christ Jesus our Lord. Romans 6:23

✓
✓
✓

성령님이 말씀하시면 즉각 그분이 하라는대로 하겠다고 결단하세요. 그러면 하나님의 살아계심을 경험하게 될거에요.

오늘의 할일

7/**17**

July

절대로 환경을 보고 판단하지 마세요. 예수님께서 알게 해 주실 때까지 기다리세요.

여러분이 선하고 친절하다는 것을 모든 사람이 알도록 행동하십시오. 주님께서 곧 오실 것입니다.

빌립보서 4:5

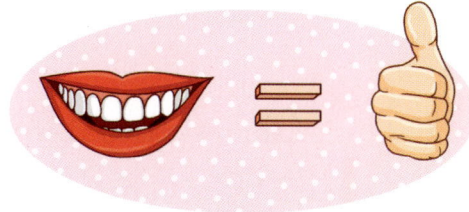

Let your gentleness be evident to all. The Lord is near.

Philippians 4:5

6월의 주제 : 선교 / 전도

나는 복음을 부끄러워하지 않습니다. 그것은 이 복음이 유대인으로부터 시작해서 이방인들에 이르기까지 모든 믿는 사람을 구원에 이르게 하는 하나님의 능력이기 때문입니다. 로마서 1:16

6/14

June

오늘의 할일

I am not ashamed of the gospel, because it is the power of God for the salvation of everyone who believes: first for the Jew, then for the Gentile. Romans 1:16

✓
✓
✓

좋은 땅에 떨어진 씨는 하나님의 말씀을 듣고 지켜 인내로 결실하는 사람을 가리킵니다.

7월의 주제 : 봉사와 섬김

오늘의 할일

7/**18**

July

좋은것을택하느냐나쁜것을택하느냐가아니라,좋은것을택하느냐아니면최선을택하느냐가중요합니다.

종들은 언제나 주인에게 복종하십시오. 주인에게 잘 보이려고 주인이 볼 때만 열심히 일하는 척해서는 안 됩니다. 주님을 두려워하는 마음으로 정직하게 주인을 섬기기 바랍니다. 골로새서 3:22

Slaves, obey your earthly masters in everything; and do it, not only when their eye is on you and to win their favor, but with sincerity of heart and reverence for the Lord.

Colossians 3:22

6월의 주제 : 선교 / 전도

그러나 나는 내 목숨을 아깝게 생각하지 않습니다. 예수님께로부터 받은 사명, 곧 사람들에게 하나님의 은혜의 복음을 전하는 일을 다 마칠 수만 있다면 말입니다.

사도행전 20 : 24

6/ **13**

June

오늘의 할일

However, I consider my life worth nothing to me, if only I may finish the race and complete the task the Lord Jesus has given me-the task of testifying to the gospel of God's grace.   Acts 20:24

✓
✓
✓

성령님과의 만남이 바로 하나님과의 만남이에요.

7월의 주제 : 봉사와 섬김

오늘의 할일

7/**19**

July

우리가하나님께 "안돼요" 라고말하면 그분은 우리의 "주님"이 아니십니다.

우리 주 예수 그리스도께 감사를 드립니다. 그분은 나를 충성된 자로 여기시고, 그분을 섬길 수 있도록 하셨으며, 필요한 힘까지 주셨습니다.

디모데전서 1:12

I thank Christ Jesus our Lord, who has given me strength, that he considered me faithful, appointing me to his service. 1 Timothy 1:12

6월의 주제: 선교 / 전도

우리는 구원 받은 사람들에게나 멸망당하는 사람들에게나 하나님 앞에서 그리스도의 향기입니다.

고린도후서 2:15

6/ **12**

June

오늘의 할일

For we are to God the aroma of Christ among those who are being saved and those who are perishing.   2 Corinthians 2:15

✓
✓
✓

성령님은 항상 믿는 우리 안에 함께하기 때문에 우리는 명확하게 말씀을 들을 수 있습니다.

7월의 주제: 봉사와 섬김

오늘의 말씀

7/**20**
July

하나님이 진정으로 우리의 주님이라면 우리의 대답은 항상 "예"이어야 합니다.

예수 그리스도의 훌륭한 군사답게 지금 우리가 받는 고난을 함께 겪으십시오.   디모데후서 2:3

Endure hardship with us like a good soldier of Christ Jesus.

2 Timothy 2:3

6월의 주제 : 선교 / 전도

우리는 우리가 보고 들은 것을 말하지 않을 수가 없습니다. 사도행전 4:20

6/**11**

June

오늘의 행일

For we cannot help speaking about what we have seen and heard.

Acts 4:20

✓
✓
✓

하나님은 우리가 그분을 위하여 무엇을 하는 것보다 하나님과의 사랑의 관계에더욱 관심을 갖고 계십니다.

7월의 주제 : 봉사와 섬김

오늘의 확인

7/**21**

July

"주님이 무엇을 원하시든지 저는 하겠습니다"라고 솔직하게 말할 수 있을 때까지는 아무 일도 시작하지 마세요.

만약 누구든지 악을 멀리하고 자신을 깨끗하게 하면, 주인이신 주님이 쓰기에 귀하고 거룩한 그릇이 될 것입니다. 그런 사람은 언제나 좋은 일에 쓰일 수 있는 준비된 사람입니다.   디모데후서 2:21

If a man cleanses himself from the latter, he will be an instrument for noble purposes, made holy, useful to the Master and prepared to do any good work.   2 Timothy 2:21

6월의 주제: 선교 / 전도

그러므로 여러분은 회개하고 하나님께로 돌아오십시오. 그리하면 여러분의 죄는 씻음 받을 것입니다.
사도행전 3:19

6/ 10

June

오늘의 할일

✓
✓
✓

예수님이 말씀하시는 것은 하나님께서 그를 통해 말씀하신 것입니다.

Repent, then, and turn to God, so that your sins may be wiped out, that times of refreshing may come from the Lord,
Acts 3:19

7월의 주제 : 봉사와 섬김

오늘의 확신

7/**22**

July

하나님은 그분의 거룩하신 계획의 단계마다 하나님의 사람을 참여시키십니다.

이제 내게는 영광의 면류관을 받는 일만 남았습니다. 그 면류관은 하나님과 함께하며 의롭게 살았다는 표시로 주시는 상입니다. 주님이 바로 정의의 재판관이시기 때문에 마지막 그 날에 주님은 내게 면류관을 주실 것입니다. 또한 나뿐만 아니라 주님이 다시 오시기를 간절한 마음으로 기다리는 모든 사람에게도 주실 것입니다.   디모데후서 4:8

Now there is in store for me the crown of righteousness, which the Lord, the righteous Judge, will award to me on that day—and not only to me, but also to all who have longed for his appearing.   2 Timothy 4:8

6월의 주제: 선교 / 전도

다만 성령이 너희에게 오시면, 너희는 권능을 받아 예루살렘과 온 유대와 사마리아와 그리고 땅 끝까지 가서 내 증인이 될 것이다. 사도행전 1:8

6/9

June

오늘의 할일

But you will receive power when the Holy Spirit comes on you; and you will be my witnesses in Jerusalem, and in all Judea and Samaria, and to the ends of the earth. Acts 1:8

✓
✓
✓

성령님은 하나님과 그분의 목적을 알려주시기 위하여 하나님의 말씀인 성경을 사용하세요.

7월의 주제: 봉사와 섬김

오늘의 말씀

7/**23**

July

하나님은 우리가 태어날 때부터 우리의 인생 가운데 일하고 계셨어요.

하나님께서는 여러분 모두에게 성령의 선물을 허락해 주셨습니다. 또한 각자에게 특별한 다른 선물을 주심으로, 하나님의 은혜를 알게 하셨습니다. 그러므로 하나님의 선물을 가볍게 여기지 말고, 착한 종처럼 남을 돕는 일에 사용하십시오.
베드로전서 4:10

Each one should use whatever gift he has received to serve others, faithfully administering God's grace in its various forms. 1 Peter 4:10

6월의 주제: 선교 / 전도

예수님께서 대답하셨습니다. "내가 바로 그 길이요, 진리요, 생명이다. 나를 통하지 않고는 아버지께로 올 사람이 없다." 요한복음 14:6

6/8

June

오늘의 할일

Jesus answered, "I am the way and the truth and the life. No one comes to the Father except through me."
John 14:6

✓
✓
✓

하나님은 우리가 첫 순종의 발을 내딛을 때 필요한 만큼만 알려주세요. 그래서 우리는 다음 명령 때까지 기다려야 해요.

7월의 주제 : 봉사와 섬김

오늘의 항일

7/**24**

July

하나님은 우리가 태어나기 전에 우리 인생을 향한 그분의 목적을 세우셨어요.

말씀을 전하는 사람은 하나님의 말씀만을 전하는 사람이 되고, 봉사하는 사람은 하나님이 주시는 힘으로 남을 도우십시오. 베드로전서 4:11 상

If anyone speaks, he should do it as one speaking the very words of God. If anyone serves, he should do it with the strength God provides.

1 Peter 4:11a

6월의 주제 : 선교 / 전도

이와 같이 하나님께서는 세상을 사랑하여 독생자를 주셨다. 이는 누구든지 그의 아들을 믿는 사람은 멸망하지 않고 영생을 얻게 하려 하심이다.

요한복음 3:16

6/7

June

오늘의 할일

'For God so loved the world that he gave his one and only Son, that whoever believes in him shall not perish but have eternal life.   John 3:16

✓
✓
✓

하나님께서 처음부터 우리가 알기를 원하는 모든 것을 말해주지 않을지도 모릅니다.

오늘의 활명

7/**25**

July

교회는 예수님의 몸이에요.

7월의 주제: 교사와 섬김

그러므로 이러한 복을 받은 여러분은 열심히 여러분의 생활 가운데 믿음에 덕을, 덕에 지식을, 지식에 절제를, 절제에 인내를, 인내에 경건을, 경건에 형제 우애를, 형제 우애에 사랑을 더하십시오.

베드로후서 1:5-7

For this very reason, make every effort to add to your faith goodness; and to goodness, knowledge; and to knowledge, self-control; and to self-control, perseverance; and to perseverance, godliness; and to godliness, brotherly kindness; and to brotherly kindness, love.

2 Peter 1:5-7

6월의 주제 : 선교 / 전도

그러나 누구든지 그분을 영접하는 사람들, 그분의 이름을 믿는 사람들에게는 하나님의 자녀가 되는 자격을 주셨습니다. 요한복음 1:12

6/6

June

오늘의 할일

Yet to all who received him, to those who believed in his name, he gave the right to become children of God.

John 1:12

✓
✓
✓

우리가 하나님의 뜻을 알기 원한다면 하나님과의 사랑의 관계가 자랄 수 있도록 시간과 정성을 기울여야 해요.

7월의 주제 : 충성과 섬김

오늘의 활동

7/**26**

July

하나님은 우리를 서로에게 필요한 존재로 만드셨어요.

그러니 앞으로 일어날 일들을 두려워하지 마라. 악마가 너희들을 시험하려 너희 중 몇몇을 감옥에 가두고 십 일 동안, 고난을 겪게 할 것이다. 그러나 죽음이 눈앞에 다가오더라도 끝까지 충성하여라. 그러면 생명의 면류관을 네게 줄 것이다.   요한계시록 2:10

Do not be afraid of what you are about to suffer. I tell you, the devil will put some of you in prison to test you, and you will suffer persecution for ten days. Be faithful, even to the point of death, and I will give you the crown of life.   Revelation 2:10

6월의 주제: 선교 / 전도

예수님께서 제자들에게 말씀하셨습니다.
"온 세상으로 가거라. 온 세상에 복음을 전하여라."

마가복음 16:15

6/5

June

오늘의 할일

He said to them, "Go into all the world and preach the good news to all creation." Mark 16:15

✓
✓
✓

하나님이 어떤 방법으로든 지진리를 보여주시면 그것이 바로 하나님과의 만남이에요.

7월의 주제 : 봉사와 섬김

오늘의 활일

7/**27**

July

―――――――
―――――――
―――――――

사람들의 조언을 종합하고 최종적으로 하나님께 나아가 명확한 길을 보여주시기를 기도해야합니다.

내가 어려서부터 늙기까지 이제껏 살아오면서 여호와께서 의로운 사람을 내버려 두시는 것과 그들의 자녀들이 구걸하는 것을 보지 못했습니다.

시편 37:25

I was young and now I am old, yet I have never seen the righteous forsaken or their children begging bread. Psalms 37:25

6월의 주제: 선교 / 전도

예수님께서 "나를 따르라. 내가 너희를 사람을 낚는 어부로 삼겠다" 하고 말씀하셨습니다.

마가복음 1:17

6/

June

오늘의 할일

"Come, follow me," Jesus said, "and I will make you fishers of men." Mark 1:17

✓
✓
✓

만일 하나님이 우리에게 그분이 무엇을 할 것인지를 보여주셨다면 그 일은 벌써 성취된 것이나 다름이 없습니다.

7월의 주제: 봉사와 섬김

오늘의 활일

7/**28**

July

성경,기도,환경그리고교회에서듣는모든것들이일치하기시작할때우리는자신있게 그일을진행할수있습니다.

연약한 사람들을 돌보는 사람은 행복한 사람입니다. 어려움이 닥칠 때에 여호와께서 그 사람을 건져 주십니다.

시편 41:11

Blessed is he who has regard for the weak; the LORD delivers him in times of trouble.

Psalms 41:11

6월의 주제: 선교 / 전도

그러므로 너희는 가서, 모든 민족을 제자로 삼아라. 아버지와 아들과 성령의 이름으로 침(세)례를 주어라. 내가 너희에게 말한 모든 것을 지키도록 가르쳐라. 보아라, 내가 너희와 세상 끝 날까지 항상 함께있겠다. 마태복음 28:19-20

6/3

June

오늘의 할일

Therefore go and make disciples of all nations, baptizing them in the name of the Father and of the Son and of the Holy Spirit, and teaching them to obey everything I have commanded you. And surely I am with you always, to the very end of the age.

Matthew 28:19-20

✓
✓
✓

성령님은 항상 우리와 함께 하면서 우리를 가르치세요.

7월의 주제 : 봉사와 섬김

오늘의 확인

7/**29**

July

하나님이 우리를 부르실 때 하나님은 하나님 크기의 일을 갖고 계십니다.

여호와 하나님은 우리의 태양이며 방패이십니다. 여호와는 우리에게 은혜와 명예를 주십니다. 주는 정직하게 사는 사람에게 가장 좋은 것을 아끼지 아니하시고 주십니다. 시편 84:11

For the LORD God is a sun and shield; the LORD bestows favor and honor; no good thing does he withhold from those whose walk is blameless. Psalms 24:11

6월의 주제 : 선교 / 전도

이 하늘나라의 복음이 온 세상에 전파될 것이며, 모든 나라에 증거 될 것이다. 그 때서야 세상의 끝이 올 것이다.   마태복음 24:14

6/2

June

오늘의 할일

✓
✓
✓

And this gospel of the kingdom will be preached in the whole world as a testimony to all nations, and then the end will come.   Matthew 24:14

예수님과사랑의관계가시작되는순간성령님께서오셔서우리의삶가운데함께하십니다.

7월의 주제 : 봉사와 섬김

오늘의 황일

7/**30**

July

무엇을 말하느냐보다 무엇을 하느냐가 하나님을 어떻게 믿고 있는가를 더욱 잘 말해줍니다.

후한 사람은 잘 되고, 남을 기분 좋게 하는 자는 자기의 기분도 좋아진다.   잠언 11:25

A generous man will prosper; he who refreshes others will himself be refreshed.   Proverbs 11:25

6월의 주제: 선교 / 전도

예수님께서 제자들에게 말씀하셨습니다. "추수할 것은 넘쳐나는데, 일꾼이 적구나. 그러므로 추수할 밭의 주인에게 간청하여 일꾼들을 추수할 밭으로 보내 달라고 하여라." 마태복음 9:37-38

6/ 1

June

오늘의 할일

Then he said to his disciples, "The harvest is plentiful but the workers are few. Ask the Lord of the harvest, therefore, to send out workers into his harvest field."
Matthew 9:37-38

✓
✓
✓

우리가 구원을 받을 때 예수님과의 사랑의 관계가 시작됩니다.

7월의 주제 : 봉사와 섬김

오늘의 활일

7/**31**

July

다윗은 사람의 지혜로 인도 받기를 거절하고 하나님의 인도하심을 구했어요.

가난한 자에게 베푸는 일은 여호와께 빌려 드리는 것이니, 그분이 후하게 보상하신다. 잠언 19:17

He who is kind to the poor lends to the LORD, and he will reward him for what he has done. Proverbs 19:17

5월의 주제: 가정 / 내적치유

그러므로 너는 네 젊음의 날에, 곧 네 괴로운 날들이 닥치기 전에, "이제는 사는 것이 낙이 없구나!"라고 말할 때가 닥치기 전에 창조주를 기억하여라.

전도서 12:1

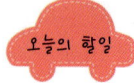

오늘의 할일

5/**31**

May

Remember your Creator in the days of your youth, before the days of trouble come and the years approach when you will say, "I find no pleasure in them." Ecclesiastes 12:1

성령님이 우리의 인생에서 활동하지 않는 한 그 누구도 하나님을 찾거나 하나님의 일을 추구하지 못합니다.

8월의 주제 : 성품

8/1
August

따라서 믿음은 말씀을 듣는 것에서 얻게 되고, 말씀 듣는 것은 그리스도의 말씀을 통해서 얻게 됩니다.

로마서 10:17

오늘의 할일

✓
✓
✓

사람들이 말할때 진심으로 쳐다보세요.

Consequently, faith comes from hearing the message, and the message is heard through the word of Christ.

Romans 10:17

5월의 주제 : 가정 / 내적치유

누가 현숙한 아내를 얻겠는가? 그녀는 비싼 진주에 비길 수 없이 귀하다.   잠언 31:10

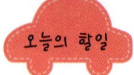
오늘의 할일

5/**30**

May

A wife of noble character who can find? She is worth far more than rubies.

Proverbs 31:10

우리가 하나님의 일에 동참할 때 하나님은 우리를 통해서 그분의 일을 완성하십니다.

8월의 주제 : 성품

8/2

August

오늘의 할일

- ✓
- ✓
- ✓

경청이란 상대방의 이 야기를 잘 들음으로서 상대방을 소중하게 인 정해주는 태도입니다.

사랑하는 형제 여러분, 다른 사람의 말은 빨리 듣고, 자신의 말은 천천히 하십시오. 쉽게 화를 내지 말기 바랍니다.

야고보서 1:19

My dear brothers, take note of this: Everyone should be quick to listen, slow to speak and slow to become angry,

Matthew 4:4

5월의 주제: 가정 / 내적치유

행실을 고치라고 후려치는 매는 지혜를 주지만, 멋대로 내버려 둔 아들은 어머니를 망신시킨다.
잠언 29:15

The rod of correction imparts wisdom, but a child left to himself disgraces his mother. Proverbs 29:15

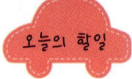 오늘의 할일

5/**29**

May

하나님이 우리에게 할일을 보여주시는것은 우리에게 그분의 일에 동참하라는 초청이에요.

8월의 주제: 성품

8/3
August

오늘의 할일

✓
✓
✓

경청의 태도가 좋을 때 다른 사람들로부터 인정과 존중을 얻을 수 있어요.

에스라는 '물 문' 앞 광장에서 이른 아침부터 한낮까지 율법책을 소리 내어 읽었습니다. 에스라는 듣고 깨달을 만한 모든 사람에게 율법책을 읽어 주었고, 그들은 율법책의 말씀에 귀를 기울였습니다.

느헤미야 8:3

He read it aloud from daybreak till noon as he faced the square before the Water Gate in the presence of the men, women and others who could understand. And all the people listened attentively to the Book of the Law.

Nehemiah 8:3

5월의 주제 : 가정 / 내적치유

아이에게 올바른 길을 가르쳐라. 그러면 늙어서도 그 길을 떠나지 않을 것이다. 잠언 22:6

Train a child in the way he should go, and when he is old he will not turn from it.

Proverbs 22:6

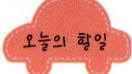
오늘의 할일

5/28

May

우리가 하나님과의 사랑의 관계 안에서 우리 인생을 그분께로 조정하면 하나님은 자신이 어디에 서 일하고 계신지 보여주세요.

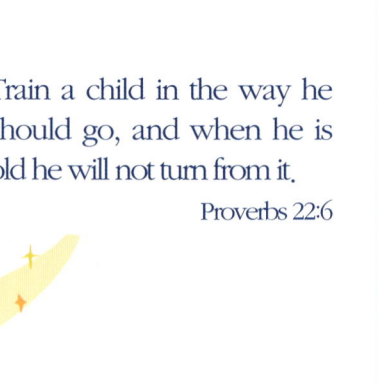

8월의 주제 : 성품

8/4
August

자녀들은 부모에게 순종하십시오. 이것이 주님을 믿는 사람으로서 옳게 행하는 일입니다.

에베소서 6:1

오늘의 할일

- ✓
- ✓
- ✓

부모에게 순종하는 것은 부모를 사랑하기 때문만이 아니라 예수님을 사랑하고 경외하기 때문입니다.

Children, obey your parents in the Lord, for this is right.

Ephesian 6:1

5월의 주제: 가정 / 내적치유

집과 재물은 부모에게서 상속 받지만,
슬기로운 아내는 여호와께서 주신다. 잠언 19:14

Houses and wealth are inherited from parents, but a prudent wife is from the LORD.

Proverbs 19:14

오늘의 할일

5/27

May

하나님이 우리 주위에서 일하고계심을 깨닫기 위해서 우리는 하나님과 친밀한 사랑의 관계 속에 살아야해요.

8월의 주제: 성품

8/5

August

오늘의 할일

✓
✓
✓

부모에게 순종하는것은 주님을 기쁘시게 하는것 입니다.

자녀들은 모든 일에 부모에게 순종하십시오.
이것은 주님을 기쁘게 해 드리는 일입니다.

골로새서 3:20

Children, obey your parents in everything, for this pleases the Lord.   Colossians 3:20

5월의 주제: 가정 / 내적치유

어리석은 아들은 그 부친을 망하게 하고, 다투는 아내는 계속 떨어지는 빗방울과 같다.

잠언 19:13

오늘의 할일

5/ **26**

May

A foolish son is his father's ruin, and a quarrelsome wife is like a constant dripping.   Proverbs 19:13

하나님은 그분의 종들에게 할일을 알리시고 그들의 인생을 하나님께 조정하도록 초청하세요.

8월의 주제 : 성품

8/6

August

오늘의 할일

- ✓
- ✓
- ✓

듣는다는것에는귀로들은것을 행동으로 옮기는것이 포함됩니다.

내 아들아, 네 아버지의 교훈을 듣고, 네 어머니의 가르침을 배척하지 마라. 잠언 1:8

Listen, my son, to your father's instruction and do not forsake your mother's teaching. Proverbs 1:8

5월의 주제 : 가정 / 내적치유

어리석은 자식은 그의 아버지에게 근심을 주고
어머니에게는 고통을 안겨 준다.   잠언 17:25

오늘의 할일

5/**25**

May

하나님은 어떤 일을 행하실 때 먼저 주도권을 가지고 그분의 종들을 찾아오세요.

A foolish son brings grief to his father and bitterness to the one who bore him.
Proverbs 17:25

8월의 주제: 성품

8/7
August

훔치지 마라. 사람을 속이지 마라. 다른 사람에게 거짓말을 하지 마라. 잠언 19:11

오늘의 할일

- ✓
- ✓
- ✓

도둑질은 상대방에게 죄를 짓는 것일 뿐만 아니라 하나님의 이름을 더럽히는 것입니다.

Do not steal. Do not lie. Do not deceive one another.
Proverbs 19:11

5월의 주제: 우정 / 내적치유

마른 빵 한 조각만 있어도 화목한 것이, 먹을 것을 많이 차려 놓고 싸우는 집안보다 낫다.

잠언 17:1

Better a dry crust with peace and quiet than a house full of feasting, with strife. Proverbs 17:1

오늘의 할일

5/24

May

하나님은 우리가 성공하고 풍성한 삶을 살도록 하기 위해 그분의 명령인 말씀을 주셨어요.

8월의 주제: 성품

서로에게 거짓말을 하지 마십시오. 이제는 과거의 잘못된 삶에서 진정으로 벗어나야 할 때입니다.

골로새서 3:9

8/8

August

오늘의 할일

- ✓
- ✓
- ✓

그리스도인이라면 옛습관을 버리고 새 습관을 익혀야해요.

Do not lie to each other, since you have taken off your old self with its practices.

Colossians 3:9

5월의 주제: 가정 / 내적치유

채소만 먹어도 서로 사랑하는 것이, 쇠고기로
잔치하면서 싸우는 것보다 낫다.   잠언 15:17

Better a meal of vegetables where there is love than a fattened calf with hatred.
Proverbs 15:17

오늘의 할일

5/23

May

우리가 하나님을 알지 못한다면 그분을 사랑할 수도 없을 것입니다.

8월의 주제 : 성품

그래서 저는 언제나 하나님과 사람들 앞에서 저의 깨끗한 양심을 간직하려고 힘쓰고 있습니다.

사도행전 24:16

8/9

August

오늘의 할일

- ✓
- ✓
- ✓

깨끗한 양심은 사람과 하나님 앞에서 용서를 구하지 않은 것이 하나도 없다는 뜻이에요.

So I strive always to keep my conscience clear before God and man.

Acts 24:16

5월의 주제: 가정 / 내적치유

여호와를 경외하는 사람은 견고한 요새를 가진 자이며, 그 후손도 그로 인해 피난처를 얻는다.

잠언 14:26

He who fears the LORD has a secure fortress, and for his children it will be a refuge.

Proverbs 14:26

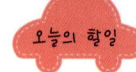
오늘의 할일

5/22

May

우리가 하나님을 사랑하지 않는다면 그분을 믿을 수 없을 것입니다.

8월의 주제 : 성품

8/10
August

오늘의 할일

- ✓
- ✓
- ✓

신뢰받기를 원한다면 말한 것은 언제나 행동으로 옮기는 성실한 사람이 되어야 해요.

하나님은 사람이 아니시니, 거짓말을 하지 않으신다. 하나님은 인간이 아니시니, 마음을 바꾸지 않으신다. 하나님은 말씀하신 것은 이루시며, 약속하신 것은 지키신다.

민수기 23:19

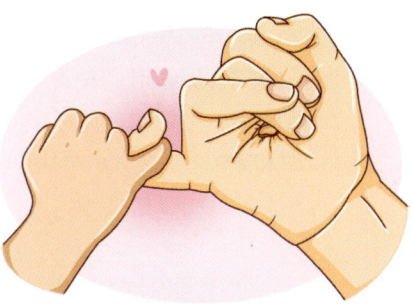

God is not a man, that he should lie, nor a son of man, that he should change his mind. Does he speak and then not act? Does he promise and not fulfill?

Numbers 23:19

5월의 주제: 가정 / 내적치유

지혜로운 여인은 자기 집을 번영하게 하지만, 미련한 여인은 자기 손으로 집을 망친다.

잠언 14:1

The wise woman builds her house, but with her own hands the foolish one tears hers down. Proverbs 14:1

오늘의 할일

5/21

May

하나님이 명령하시는 것은 우리의 인생을 최고의 것으로 인도하기 위함이에요.

8월의 주제 : 성품

8/11
August

오늘의 할일

- ✓
- ✓
- ✓

성실한 인격을 갖기 원한다면 삶의 작은 영역에서부터 훈련해야 해요.

아주 작은 일에 충실한 사람은 많은 것에도 충실하다. 아주 작은 일에 충실하지 못한 사람은 많은 것에도 충실하지 못하다. 누가복음 16:10

Whoever can be trusted with very little can also be trusted with much, and whoever is dishonest with very little will also be dishonest with much.

Luke 16:10

5월의 주제: 가정 / 내적치유

회초리를 들지 못하는 사람은 자기 자식을 미워하는 자니, 자기 자식을 사랑하는 부모는 부지런히 자식을 훈련시킨다. 잠언 13:24

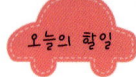
오늘의 할일

5/20

May

He who spares the rod hates his son, but he who loves him is careful to discipline him.

Proverbs 13:24

하나님은 우리를 사랑하기 때문에 우리의 인생이 파괴되는 것을 원치 않으세요.

8월의 주제 : 성품

8/12

August

오늘의 할일

- ✓
- ✓
- ✓

성실하지 못한 사람은 자신을 상하게 할 뿐 아니라 다른 사람에게까지 피해를 줍니다.

성실한 사람은 크게 복을 받지만, 일확천금을 노리는 자는 처벌을 면치 못할 것이다.

잠언 28:20

A faithful man will be richly blessed, but one eager to get rich will not go unpunished.

Proverbs 28:20

5월의 주제: 가정 / 내적치유

지혜로운 아들은 자기 아버지의 교훈에 순종하지만, 거만한 아들은 책망을 듣지 않는다. 잠언 13:1

오늘의 할일

5/ **19**

May

A wise son heeds his father's instruction, but a mocker does not listen to rebuke.   Proverbs 13:1

하나님의 사랑을 확신하게 될 때 우리는 그분을 믿고 의지하게 됩니다.

8월의 주제: 성품

8/13
August

오늘의 할일

- ✓
- ✓
- ✓

오직 섬김을 받을 만한 분은 예수님이세요. 예수님은 우리에게 섬김의 본을 보여주셨어요.

인자도 섬김을 받으러 온 것이 아니라, 섬기러 왔다. 인자는 자기 생명을 많은 사람의 대속물로 주려고 왔다.

마가복음 10:45

For even the Son of Man did not come to be served, but to serve, and to give his life as a ransom for many.

Mark 10:45

5월의 주제: 가정 / 내적치유

덕이 있는 아내는 그 남편에게 영광스런 면류관과 같으나, 부덕한 여인은 남편의 뼈를 썩게 하는 것과 같다.   잠언 12:4

A wife of noble character is her husband's crown, but a disgraceful wife is like decay in his bones.   Proverbs 12:4

오늘의 할일

5/ **18**

May

하나님을 경험으로 알게 될 때 우리는 그분의 사랑을 확신하게 됩니다.

8월의 주제 : 성품

사람에게 하듯이 하지 말고, 그리스도를 섬기듯이 기쁜 마음으로 주인을 위해 일하십시오.

에베소서 6:7

8/**14**

August

오늘의 할일

- ✓
- ✓
- ✓

우리가 다른 사람들을 섬기고 있을때 바로 우리는 주님을 섬기고 있는 것입니다.

Serve wholeheartedly, as if you were serving the Lord, not men,   Ephesians 6:7

5월의 주제 : 유정 / 내적치유

덕이 있는 여인은 존경을 받고, 근면한 남자들은 재물을 얻는다. 잠언 11:16

오늘의 할일

5/ **17**

May

하나님을 소유했다면 우리는 천지에 있는 모든 것을 가진 사람입니다.

A kindhearted woman gains respect, but ruthless men gain only wealth. Proverbs 11:16

8월의 주제 : 성품

8/15
August

오늘의 할일

- ✓
- ✓
- ✓

진정으로 큰 사람, 높은 사람은 섬김을 받는 사람이 아니라 섬기는 사람이에요.

그러나 너희는 저희들과 같이 되어서는 안 된다. 누구든지 너희 중에서 높아지려면, 먼저 섬기는 자가 되어야 한다. 마태복음 20:26

Not so with you. Instead, whoever wants to become great among you must be your servant   Matthew 20:26

5월의 주제 : 가정 / 내적치유

게으른 손은 가난하게 만들고, 부지런한 손은 부유하게 만든다.
잠언 10:4

Lazy hands make a man poor, but diligent hands bring wealth. Proverbs 10:4

오늘의 할일

5/**16**

May

우리가 아이처럼 온전히 하나님을 의지하면 우리는 인생을 새롭게 보는 방법을 발견하게 되고 우리 인생은 열매를 맺을 것입니다.

8월의 주제: 성품

8/16

August

오늘의 할일

- ✓
- ✓
- ✓

사랑은 남이 가진 것을 탐내기보다 그것을 함께 즐거워하고 기뻐해주는 마음이에요.

사랑은 오래 참습니다. 사랑은 친절합니다. 사랑은 시기하지 않습니다. 사랑은 자랑하지 않습니다. 사랑은 교만하지 않습니다.   고린도전서 13:4

Love is patient, love is kind. It does not envy, it does not boast, it is not proud.

1 Corinthians 13:4

5월의 주제 : 가정 / 내적치유

솔로몬의 잠언입니다. 지혜로운 아들은 자기 아버지를 기쁘게 하지만, 어리석은 아들은 자기 어머니의 근심이다.   잠언 10:1

The proverbs of Solomon: A wise son brings joy to his father, but a foolish son grief to his mother.   Proverbs 10:1

오늘의 할일

5/ **15**

May

하나님은 전능하세요. 그래서 그분이 뜻하신 것을 모두 이루실 수 있습니다.

8월의 주제: 성품

8/**17**

August

오늘의 할일

✓
✓
✓

사랑은 언제나 다른 사람의 허물이나 잘못을 용서하며 잊어버리는 마음이에요.

사랑은 무례히 행동하지 않습니다. 사랑은 자기 유익을 구하지 않습니다. 사랑은 쉽게 성내지 않습니다. 사랑은 원한을 품지 않습니다.

고린도전서 13:5

It is not rude, it is not self-seeking, it is not easily angered, it keeps no record of wrongs.   1 Corinthians 13:5

5월의 주제: 가정 / 내적치유

내 아들아, 네 아버지의 교훈을 듣고, 네 어머니의 가르침을 배척하지 마라.   잠언 1:8

Listen, my son, to your father's instruction and do not forsake your mother's teaching.
    Proverbs 1:8

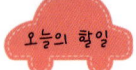

오늘의 할일

5/ **14**

May

하나님은 전지하세요. 그래서 그분은 과거, 현재, 미래의 모든 것을 아십니다.

8월의 주제: 성품

8/18

August

오늘의 할일

- ✓
- ✓
- ✓

악한행동은 행한사람자신은 물론 다른사람을 상하게 하고 예수님의 마음도 아프게 해요.

사랑은 불의를 기뻐하지 않고 진리와 함께 기뻐합니다. 사랑은 모든 것을 덮어 주며, 모든 것을 믿으며, 모든 것을 소망하며, 모든 것을 견뎌 냅니다.

고린도전서 13:6-7

Love does not delight in evil but rejoices with the truth. It always protects, always trusts, always hopes, always perseveres.

1 Corinthians 13:6-7

5월의 주제: 가정 / 내적치유

형제들이 함께 다정하게 살고 있을 때, 그것이 얼마나 좋고 즐거운 일입니까!
시편133:1

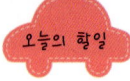
오늘의 확일

5/ **13**

May

How good and pleasant it is when brothers live together in unity!

Psalms 133:1

하나님의 본성은 사랑이에요. 그래서 결코 우리에게 차선의 것을 허락하지 않으세요.

8월의 주제: 성품

8/19
August

오늘의 할일

- ✓
- ✓
- ✓

하나님은 우리의 재능이나 돈 지혜나 시간보다 우리 자신을 더욱 원하세요.

그러므로 성도 여러분, 나는 하나님의 자비로써 여러분에게 권합니다. 여러분의 몸을 하나님을 기쁘시게 하는 거룩한 살아 있는 제물로 드리십시오. 이것이야말로 여러분이 마땅히 드려야 할 영적인 예배입니다. 로마서 12:1

Therefore, I urge you, brothers, in view of God's mercy, to offer your bodies as living sacrifices, holy and pleasing to God-this is your spiritual act of worship.

Romans 12:1

5월의 주제 : 가정 / 내적치유

내가 여러분에게 명령하는 이 모든 말을 잘 지키고 여러분의 하나님 여호와께서 보시기에 착하고 올바른 일을 하면 여러분과 여러분의 자손이 하는 모든 일이 잘 될 것이오.   신명기 12:28

오늘의 할일

5/ 12

May

Be careful to obey all these regulations I am giving you, so that it may always go well with you and your children after you, because you will be doing what is good and right in the eyes of the LORD your God.   Deuteronomy 12:28

우리가 예수님께 순종하는 것은 예수님을 사랑하고 의지한다는 표현이에요.

8월의 주제 : 성품

8/20

August

오늘의 할일

- ✓
- ✓
- ✓

우리는 의지적으로 세상의 틀에서 벗어나 하나님의 뜻을 알고 행하는 삶을 살아야 합니다.

여러분은 이 세상을 본받지 말고, 마음을 새롭게 하여 변화를 받으십시오. 그러면 여러분은 하나님의 선하시고 기뻐하시고 온전하신 뜻이 무엇인지를 분별할 수 있게 될 것입니다. 로마서 12:2

Do not conform any longer to the pattern of this world, but be transformed by the renewing of your mind. Then you will be able to test and approve what God's will is-his good, pleasing and perfect will. Romans 12:2

5월의 주제: 가정 / 내적치유

마찬가지로 남편들도 아내를 잘 이해하고 돌보아 주며 살아가십시오. 아내를 존중해 주시기 바랍니다. 아내는 남편인 여러분보다 더 연약합니다. 그러나 하나님께서는 여러분에게 주시는 것과 똑같은 은혜인 참 생명을 아내들에게도 주셨습니다. 아내를 소중히 대함으로써 여러분의 기도가 막히지 않도록 하십시오.

베드로전서 3:7

Husbands, in the same way be considerate as you live with your wives, and treat them with respect as the weaker partner and as heirs with you of the gracious gift of life, so that nothing will hinder your prayers.

1 Peter 3:7

오늘의 할일

5/11

May

하나님과의 사랑의 관계는 일방적인 관계가 아니에요. 하나님은 우리가 하나님을 예배하고 사랑하기를 기대하세요.

8월의 주제 : 성품

8/21
August

오늘의 할일

- ✓
- ✓
- ✓

우리의 모든것은 하나님께서 주신 것이기 때문에 자랑할수 없습니다.

여러분은 여러분 자신에 대하여 마땅히 생각해야 할 것 외에 다른 것을 생각하지 마십시오. 여러분은 하나님께서 각자에게 주신 믿음의 분량대로, 냉철한 판단을 가지고 자신에 대하여 생각하십시오.　　로마서 12:3 후

Do not think of yourself more highly than you ought, but rather think of yourself with sober judgment, in accordance with the measure of faith God has given you.　　Romans 12:3b

5월의 주제: 가정 / 내적치유

지혜롭고 깨끗하며, 집안을 잘 돌보고 친절하며, 남편에게 복종하도록 가르칠 수 있을 것입니다. 이렇게 할 때, 하나님께서 우리에게 주신 말씀이 비난받지 않고 온전하고 바르게 설 수 있습니다.

디도서 2:5

오늘의 할일

5/10

May

To be self-controlled and pure, to be busy at home, to be kind, and to be subject to their husbands, so that no one will malign the word of God.

Titus 2:5

하나님을 예배하는 것은 그분을 경외하고 그분이 찬송받으시기에 합당하신 분임을 인정하는 것입니다.

8월의 주제: 성품

8/22

August

오늘의 할일

✓
✓
✓

용서한다는것은 그 죄에 대한 기억까지도 완전히 지워버리는 것입니다.

그러나 우리가 죄를 고백하면, 그분은 우리를 용서해주실 것입니다. 그분은 옳은 일만 행하시는 분이기 때문에 우리는 그분을 믿을 수 있습니다. 그분은 우리의 모든 잘못을 깨끗하게 해주실 것입니다.

요한일서 1:9

If we confess our sins, he is faithful and just and will forgive us our sins and purify us from all unrighteousness.

1 John 1:9

5월의 주제 : 가정 / 내적치유

젊은 사람들이 빠지기 쉬운 정욕을 멀리하십시오. 깨끗한 마음을 가지고 주님을 신뢰하는 사람들과 함께 의와 믿음과 사랑과 평안을 추구하기 바랍니다.   디모데후서 2:22

Flee the evil desires of youth, and pursue righteousness, faith, love and peace, along with those who call on the Lord out of a pure heart.
2 Timothy 2:22

오늘의 할일

5/9

May

하나님의 이름은 장엄하고 우리의 찬양을 받으시기에 합당하십니다!

8월의 주제 : 성품

8/23

August

오늘의 할일

- ✓
- ✓
- ✓

"죄송합니다"또는 "미안해"라는 말만으로는 충분하지 않아요. 진지한 마음과 태도가 필요합니다.

화를 내기보다는 용서하고, 여러분에게 해를 입히더라도 용서해 주기 바랍니다. 우리 주께서 우리를 용서하신 것같이, 우리도 다른 사람을 용서해 주어야 하지 않겠습니까?   골로새서 3:13

Bear with each other and forgive whatever grievances you may have against one another. Forgive as the Lord forgave you.   Colossians 3:13

5월의 주제 : 가정 / 내적치유

믿는 사람은 자기 친척, 특히 가족부터 잘 돌보아야 합니다. 그렇게 하지 않는 사람은 믿음을 저버린 사람이며, 하나님을 믿지 않는 사람보다 더 나쁜 사람입니다. 디모데전서 5:8

If anyone does not provide for his relatives, and especially for his immediate family, he has denied the faith and is worse than an unbeliever. 1 Timothy 5:8

오늘의 할일

5/8

May

우리가 하나님을 경험할 때 그분은 자신을 보여주세요. 그럴때 우리는 하나님을 더 친밀하게 알게됩니다.

8월의 주제 : 성품

8/24
August

오늘의 할일

- ✓
- ✓
- ✓

하나님과 화평할 때 다른 사람과도 평화를 누릴 수 있어요.

내가 너희에게 평안을 남긴다. 곧 나의 평안을 너희에게 준다. 내가 너희에게 주는 평안은 세상이 주는 것과 같지 않다. 너희는 마음에 근심하지도 말고, 두려워하지도 마라. 요한복음 14:27

Peace I leave with you; my peace I give you. I do not give to you as the world gives. Do not let your hearts be troubled and do not be afraid. John 14:27

5월의 주제: 가정 / 내적치유

아버지는 자녀들의 마음을 상하게 하거나, 화를 돋우지 말고, 주님의 훈계와 가르침으로 잘 키우십시오.

에베소서 6:4

Fathers, do not exasperate your children; instead, bring them up in the training and instruction of the Lord.

Ephesians 6:4

오늘의 할일

5/**7**

May

우리가 슬플 때 하나님의 위로를 경험한다면 우리는 하나님이 "위로자"이심을 알게 됩니다.

8월의 주제 : 성품

8/**25**

August

오늘의 할일

- ✓
- ✓
- ✓

우리가 어디에서 무슨 일을 하든지 하나님의 평안이 함께하세요.

평화의 주님께서 언제 어디서나 여러분에게 평안을 내려 주시기를 기도합니다. 주님께서 여러분 모두와 함께하실 것입니다. 데살로니가후서 3:16

Now may the Lord of peace himself give you peace at all times and in every way. The Lord be with all of you. 2 Thessalonians 3:16

5월의 주제: 가정 / 내적치유

남편들은 그리스도가 교회를 사랑하듯이 아내를 사랑하십시오. 그리스도는 생명을 내어 주시기까지 교회를 사랑하셨습니다.   에베소서 5:25

Husbands, love your wives, just as Christ loved the church and gave himself up for her.
Ephesians 5:25

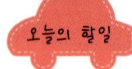

오늘의 할일

5/6

May

성경은, 하나님이 언제나 우리가 그분을 경험할 수 있도록 먼저 우리에게 다가오셨음을 보여줍니다.

8월의 주제 : 성품

8/26
August

오늘의 할일

- ✓
- ✓
- ✓

하나님은 우리와 늘 함께하시고 우리가 어디로 가든지 지켜보시고 보호해주세요.

주께서 천사들을 시켜 여러분을 지키게 하실 것입니다. 여러분이 어디로 가든지 저들이 여러분을 보호해줄 것입니다.

시편 91:11

For he will command his angels concerning you to guard you in all your ways;

Psalms 91:11

5월의 주제: 가정 / 내적치유

자녀들은 부모에게 순종하십시오. 이것이 주님을 믿는 사람으로서 옳게 행하는 일입니다.

에베소서 6:1

Children, obey your parents in the Lord, for this is right.

Ephesians 6:1

오늘의 할일

5/5

May

하나님께서 부르시는 것은 하나님과 함께 일하자고 부르시는 것입니다.

8월의 주제: 성품

내가 선생과 주로서 너희 발을 씻겼으니, 너희도 서로 발을 씻겨 주어야 한다. 요한복음 13:14

8/**27**

August

오늘의 할일

- ✓
- ✓
- ✓

내 생각대로 삶을 살아가면서 동시에 하나님과 동행할 수 없습니다.

Now that I, your Lord and Teacher, have washed your feet, you also should wash one another's feet. John 13:14

5월의 주제: 가정 / 내적치유

아내들은 주님께 순종하듯이 남편의 권위에
순종하십시오.

에베소서 5:22

Wives, submit to your husbands as to the Lord.

Ephesians 5:22

오늘의 할일

5/ **4**

May

하나님이아담과하와함께걸
으시며친밀한교제를나누신것
처럼우리도그분과함께걸으며
사랑의교제를나눕시다.

8월의 주제 : 성품

8/28
August

오늘의 할일

- ✓
- ✓
- ✓

하나님을 따르며 가장 어려울 때는 하나님의 뜻에 우리의 뜻을 조정해야 할 때입니다.

고넬료는 경건한 사람이었습니다. 그와 그의 집에 사는 모든 사람이 하나님을 공경하고 경외하였습니다. 그는 가난한 사람들에게 아낌없이 돈을 주었고, 늘 하나님께 기도했습니다. 사도행전 10:2

He and all his family were devout and God-fearing; he gave generously to those in need and prayed to God regularly. Acts 10:2

5월의 주제: 가정 / 내적치유

화가 나더라도 죄를 짓지 말며, 해가 지기 전에는 화를 풀기 바랍니다. 에베소서 4:26

In your anger do not sin: Do not let the sun go down while you are still angry. Ephesians 4:26

오늘의 할일

5/3

May

하나님께서 주도권을 잡고 그분을 우리에게 보여주시지 않는 한 우리는 하나님의 뜻을 알 수 없어요.

8월의 주제 : 성품

8/29
August

오늘의 할일

- ✓
- ✓
- ✓

하나님은 우리의 절대적인 행복에 관심을 갖고 계세요.

여러분 쪽에서 할 수 있는 일이라면 모든사람과 더불어 화평하게 지내십시오.

로마서 12:18

If it is possible, as far as it depends on you, live at peace with everyone.

Romans 12:18

5월의 주제: 가정 / 내적치유

성도 여러분, 생각하는 데 있어서는 어린아이가 되지 마십시오. 악에 대해서는 갓난아이가 되어야 하겠지만, 생각하는 데 있어서는 어른이 되어야 합니다. 고린도전서 14:20

Brothers, stop thinking like children. In regard to evil be infants, but in your thinking be adults. 1 Corinthians 15:20

오늘의 할일

5/2

May

우리가 하나님을 선택한 것이 아니라, 그분이 우리를 선택하시고, 우리의 인생을 향한 그분의 목적을 보여주십니다.

8월의 주제 : 성품

8/30

August

오늘의 할일

- ✓
- ✓
- ✓

우리가 산다면 그것은 주님을 위해 사는 것이고, 죽는다면 주님을 위해 죽는 것입니다. 그러므로 살든지 죽든지 우리는 주님의 것입니다.

로마서 14:8

If we live, we live to the Lord; and if we die, we die to the Lord. So, whether we live or die, we belong to the Lord.

Romans 14:8

5월의 주제 : 가정 / 내적치유

그리고 말씀하셨습니다. "내가 너희에게 진정으로 말한다. 너희가 돌이켜 어린아이처럼 되지 않으면, 하늘나라에 들어갈 수 없다." 마태복음 18:3

And he said: "I tell you the truth, unless you change and become like little children, you will never enter the kingdom of heaven." Matthew 18:3

오늘의 할일

5/ **1**

May

우리가 하나님의 원수가 되어 있었을 때 하나님이 사랑의 줄로 우리를 이끌어 내셨습니다.

8월의 주제: 성품

8/31
August

그러므로 이제부터는 나를 괴롭히지 마십시오.
내 몸에는 그리스도 예수의 흔적이 있습니다.

갈라디아서 6:17

오늘의 할일
- ✓
- ✓
- ✓

우리의 계획에 하나님을 맞추는 것이 아니라 하나님이 하시는 일에 나를 맞추어야 해요.

wledge the LORD; Finally, let no one cause me trouble, for I bear on my body the marks of Jesus.

Galatians 6:17

4월의 주제: 그리스도 / 십자가

그러나 그가 상처 입은 것은 우리의 허물 때문이고, 그가 짓밟힌 것은 우리의 죄 때문이다. 그가 맞음으로 우리가 평화를 얻었고, 그가 상처를 입음으로 우리가 고침을 받았다.

이사야 53:5

4/30

April

But he was pierced for our transgressions, he was crushed for our iniquities; the punishment that brought us peace was upon him, and by his wounds we are healed. Isaiah 53:5

오늘의 할일

✓
✓
✓

하나님을 더 알고 경험할수록 그분을 더 사랑하게 되고 그분과 함께 있고 싶어집니다.

오늘의 할일

9/**1**

September

하나님이 말씀하실 때에 반응하려면 믿음이 필요해요.

하나님께서는 네 머리카락까지도 다 세고 계신다. 두려워하지 마라. 너희는 많은 참새들보다 훨씬 더 귀하다.   누가복음 12:7

Indeed, the very hairs of your head are all numbered. Don't be afraid; you are worth more than many sparrows.   Luke 12:7

4월의 주제: 그리스도 / 십자가

내가 짙은 구름과 같은 너희 죄악을 지워버렸고, 안개와 같은 너희 죄를 사라지게 하였다. 내가 너희를 구했으니 내게로 돌아오너라.

이사야 44:22

4/29
April

오늘의 할일

I have swept away your offenses like a cloud, your sins like the morning mist. Return to me, for I have redeemed you. Isaiah 44:22

✓
✓
✓

우리의 삶을 통해서 일하시는 하나님을 경험하면 그분을 더욱 잘 알게되요.

9월의 주제: 봉사와 섬김

오늘의 할일

9/2

September

믿음이란 하나님이 약속하거나 말씀하신 것은 반드시 이루어진다는 확신이에요.

내가 너희에게 진리를 말한다. 누구든지 내 말을 듣고 나를 보내신 분을 믿는 사람은 영원한 생명을 얻었고, 심판을 받지 않을 것이며, 사망에서 생명으로 옮겨졌다. 요한복음 5:24

I tell you the truth, whoever hears my word and believes him who sent me has eternal life and will not be condemned; he has crossed over from death to life.

John 5:24

4월의 주제: 그리스도 / 십자가

왜냐하면 우리에게 한 아기가 태어날 것이기 때문이다. 하나님께서 우리에게 아들을 주실 것이다. 그의 어깨 위에 왕권이 주어질 것이다. 그의 이름은 기묘자, 모사, 전능하신 하나님, 영원히 살아 계신 아버지, 평화의 왕이시다.

이사야 9:6

4/28

April

For to us a child is born, to us a son is given, and the government will be on his shoulders. And he will be called Wonderful Counselor, Mighty God, Everlasting Father, Prince of Peace. Isaiah 9:6

오늘의 할일

✓
✓
✓

주님과 함께 보내는 시간은 그분과의 관계를 더욱 진하고 깊게 만듭니다.

9월의 주제 : 봉사와 섬김

오늘의 할일

9/ **3**

September

예수님은 믿음만 있으면 우리가 그분이 하신 일보다 더 큰 일을 하게 된다고 말씀하셨어요.

너희는 마음에 근심하지 마라.
하나님을 믿고 또 나를 믿어라.   요한복음 14:1

Do not let your hearts be troubled. Trust in God; trust also in me.   John 14:1

4월의 주제: 그리스도 / 십자가

여호와의 말씀이다. "오너라, 우리 서로 이야기해 보자. 너희 죄가 심하게 얼룩졌을지라도 눈처럼 깨끗해질 것이며, 너희 죄가 진홍색처럼 붉을지라도 양털처럼 희어질 것이다." 이사야 1:18

4/27

April

오늘의 할일

"Come now, let us reason together," says the LORD. "Though your sins are like scarlet, they shall be as white as snow; though they are red as crimson, they shall be like wool." Isaiah 1:18

✓
✓
✓

하나님은 우리에게 무엇이 최선인지를 아시고 우리의 인생을 가장 가치있는 길로 인도해주세요.

9월의 주제: 봉사와 섬김

오늘의 할일

9/4

September

하나님을 믿는 겨자씨만 한 믿음만으로도 우리에게는 불가능이 없습니다.

나는 현재 우리가 겪는 고난은 장차 우리에게 나타날 영광과 비교하면 아무 것도 아니라고 생각합니다.

로마서 8:18

I consider that our present sufferings are not worth comparing with the glory that will be revealed in us.

Romans 8:18

4월의 주제: 그리스도 / 십요유

죄를 용서받고 잘못을 용서받은 사람은
행복한 사람입니다.　　　　　시편 32:1

4/26

April

오늘의 할일

✓
✓
✓

하나님과의 관계는 우리의 인생에서 가장 중요한 요소입니다.

Blessed is he whose transgressions are forgiven, whose sins are covered.

Psalms 32:1

9월의 주제 : 봉사와 섬김

9/5

September

우리의 믿음이 하나님의 능력에 근거해야지 인간의 지혜에 의존하면 아무 소용이 없어요.

여러분들이 하나님을 신뢰할 때 소망의 하나님께서 모든 기쁨과 소망으로 여러분을 채우셔서, 성령의 능력으로 여러분에게 소망이 차고 넘치게 하시기를 바랍니다. 로마서 15:13

May the God of hope fill you with all joy and peace as you trust in him, so that you may overflow with hope by the power of the Holy Spirit.

Romans 15:13

4월의 주제 : 그리스도 / 십일조

보아라! 내가 문 앞에 서서 이렇게 두드리고 있다. 만일 누구든지 내 음성을 듣고 문을 열면, 내가 그에게로 들어가 그와 함께 먹고, 그도 나와 함께 먹을 것이다.   요한계시록 3:20

4/25

April

오늘의 할일

Here I am! I stand at the door and knock. If anyone hears my voice and opens the door, I will come in and eat with him, and he with me.   Revelation 3:20

✓
✓
✓

하나님은 우리의 생활을 방해하실 권리가 있습니다 그분은 우리의 주인이시기 때문이에요.

9월의 주제 : 봉사와 섬김

오늘의 할일

9/**6**

September

순종은 하나님을 향한 우리의 사랑의 표현이에요.

그런즉 믿음, 소망, 사랑, 이 세 가지는 항상 있을 것인데, 그 중에서 가장 위대한 것은 사랑입니다.

고린도전서 13:13

And now these three remain: faith, hope and love. But the greatest of these is love.

1 Corinthians 13:13

4월의 주제 : 그리스도 / 십자가

예수 그리스도는 어제나 오늘이나
영원히 똑같으십니다.　　　　히브리서 13:8

4/ 24

April

오늘의 항일

Jesus Christ is the same
yesterday and today
and forever.
　　　　Hebrews 13:8

✓
✓
✓

하나님은 우리에게 어떤 임
무를 맡기시기 위해 충분한
시간을 갖고 우리를 준비시
키세요.

9월의 주제 : 봉사와 섬김

오늘의 활일

9/**7**

September

하나님이 우리를 통해서 일 하고 싶다고 말씀하시면 그 일은 분명히 하나님만이 하 실 수 있는 일일 것입니다.

게으른 자들을 훈계하고, 마음이 약한 자들을 격려해 주십시오. 힘이 없는 자들을 도우며, 모든 사람을 인내로 대하십시오. 데살로니가전서 5:14

And we urge you, brothers, warn those who are idle, encourage the timid, help the weak, be patient with everyone. 1 Thessalonians 5:14

4월의 주제: 그리스도 / 십자가

우리 믿음의 시작이며, 또 믿음을 완전하게 하시는 주님만을 바라봅시다. 예수님께서는 십자가에서 돌아가실 때, 아무 것도 아닌 것처럼 모든 부끄러움을 참아 내셨습니다. 예수님께서는 하나님께서 예비해 두신 기쁨을 기대하셨기 때문에 그렇게 하실 수 있었던 것입니다. 이제 그분은 하나님 보좌의 오른편에 앉아 계십니다. 히브리서 12:2

4/23

April

오늘의 할일

Let us fix our eyes on Jesus, the author and perfecter of our faith, who for the joy set before him endured the cross, scorning its shame, and sat down at the right hand of the throne of God. Hebrews 12:2

✓
✓
✓

우리가 작은 일에 충성하지 않는다면 하나님은 우리에게 큰 일무를 맡기실 수 없습니다.

9월의 주제 : 봉사와 섬김

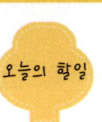

오늘의 할일

9/**8**

September

하나님이 그 일을 이루실 것이라는 믿음이 있을 때 우리는 그분께 순종하게 됩니다.

인내를 가지고 하나님께서 원하시는 일을 해서 그분께서 약속하신 것을 받으시기 바랍니다.

히브리서 10:36

You need to persevere so that when you have done the will of God, you will receive what he has promised.

Hebrews 10:36

4월의 주제 : 그리스도 / 십자가

우리의 대제사장은 우리의 연약한 부분을 알고 계십니다. 이 땅에 계실 때, 그분은 우리와 마찬가지로 시험을 받으셨습니다. 그러나 결코 죄를 짓지는 않으셨습니다.   히브리서 4:15

4/22

April

오늘의 할일

For we do not have a high priest who is unable to sympathize with our weaknesses, but we have one who has been tempted in every way, just as we are-yet was without sin.   Hebrews 4:15

✓
✓
✓

하나님은 우리가 목숨을 다해 하나님을 사랑하기를 원하십니다.

9월의 주제: 봉사와 섬김

오늘의 할일

9/**9**

September

하나님은 사랑이세요 그래서 그분의 뜻은 항상 최선이에요.

믿음은 우리가 바라는 것들에 대해서 확신하는 것입니다. 또한 보이지는 않지만 그것이 사실임을 아는 것입니다.

히브리서 11:1

Now faith is being sure of what we hope for and certain of what we do not see.

Hebrews 11:1

4월의 주제: 그리스도 / 십자가

그러므로 거룩한 형제 여러분, 예수님에 대해서 깊이 생각하십시오. 여러분은 모두 하나님께서 부르신 사람들입니다. 하나님께서 우리에게 보내신 예수님은 우리 믿음의 사도이며 대제사장이 되십니다.   히브리서 3:1

4/21

April

오늘의 할일

Therefore, holy brothers, who share in the heavenly calling, fix your thoughts on Jesus, the apostle and high priest whom we confess.   Hebrews 3:1

✓
✓
✓

우리가 하나님과 사랑의 관계를 갖지 못하면 하나님께서 말씀하시는 것을 들을 수 없어요.

9월의 주제: 봉사와 섬김

오늘의 할일

9/10

September

하나님께서 그 일을 이루실 것이라는 믿음이 없다면 우리는 그분이 원하는 일을 하지 못합니다.

여러분은 믿음의 시련을 통하여 인내심이 성장한다는 것을 알고 있습니다. 여러분이 하는 모든 일을 참고 견디어 조금도 부족함이 없는 완전하고 성숙한 사람이 되십시오.

야고보서 1:3-4

Because you know that the testing of your faith develops perseverance. Perseverance must finish its work so that you may be mature and complete, not lacking anything.

James 1:3-4

4월의 주제 : 그리스도 / 십자가

예수님께서는 우리를 위해 자기 자신을 주셨습니다. 우리를 모든 악에서 구원하시고 깨끗하게 하셔서, 선한 일을 하기에 힘쓰는 그의 백성이 되게 하시려고 우리를 대신해서 죽으셨던 것입니다.   디도서 2:14

4/20

April

오늘의 할일

Who gave himself for us to redeem us from all wickedness and to purify for himself a people that are his very own, eager to do what is good.   Titus 2:14

✓
✓
✓

하나님의 음성을 알고 또한 듣기위해서는 그분과 친밀한 사랑의 관계를 가져야해요.

9월의 주제 : 봉사와 섬김

9/11

September

순종은 하나님께 대한 믿음을 나타냅니다.

시험을 받은 후, 더 강건해졌다면 복 있는 자입니다. 자신의 믿음을 증명했으므로 하나님께서 그에게 생명의 면류관을 주실 것입니다. 하나님께서는 자기를 사랑하는 모든 자들에게 영생을 약속하셨습니다. 야고보서 1:12

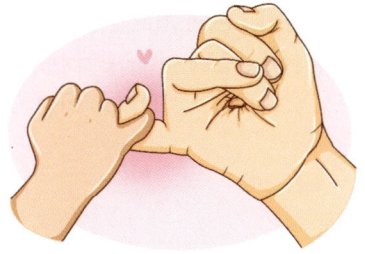

Blessed is the man who perseveres under trial, because when he has stood the test, he will receive the crown of life that God has promised to those who love him. James 1:12

4월의 주제: 그리스도 / 십자가

내게 능력 주시는 그리스도를 통하여 나는 모든 것을 할 수 있습니다. 빌립보서 4:13

4/ 19

April

오늘의 할일

I can do everything through him who gives me strength.
Philippians 4:13

✓
✓
✓

기도의 사람 조지 뮬러는 항상 하나님의 뜻을 바로 가르쳐 달라고 기도했어요.

9월의 주제 : 봉사와 섬김

오늘의 할일

9/12

September

불순종은 믿음이 없다는 것을 보여주는 것입니다.

그러나 그리스도인이라는 이유로 고난을 받았다면 부끄러워할 필요가 없습니다. 오히려 그리스도인이라는 이름을 얻게 된 것에 대해 하나님께 찬양을 올려드리십시오. 베드로전서 4:16

However, if you suffer as a Christian, do not be ashamed, but praise God that you bear that name. 1 Peter 4:16

4월의 주제: 그리스도 / 십자가

이 땅에 계신 동안 스스로 낮은 자가 되시며, 하나님께 순종하셨습니다. 예수님은 목숨을 버려 십자가에 달려 돌아가시기까지 하나님의 말씀을 따랐습니다.   빌립보서 2:8

4/18

April

오늘의 할일

And being found in appearance as a man, he humbled himself and became obedient to death- even death on a cross!

Philippians 2:8

✓
✓
✓

성령님의 인도하심은 언제나 말씀에 위배되지 않습니다.

9월의 주제 : 봉사와 섬김

오늘의 할일

9/**13**

September

믿음이 없으면 하나님을 기쁘시게 할 수 없어요.

마귀에게 지지 말고 믿음에 굳게 서 있기 바랍니다. 온 세상의 모든 성도들도 여러분과 같은 고난을 겪고 있습니다.

베드로전서 5:9

Resist him, standing firm in the faith, because you know that your brothers throughout the world are undergoing the same kind of sufferings.

1 Perter 5:9

4월의 주제 : 그리스도 / 십자가

여러분은 하나님의 은혜안에서 믿음으로 구원을 받았습니다. 여러분 스스로는 자신을 구원할 수 없습니다. 구원은 하나님의 선물입니다. 또한 착한 행동으로 구원받은 것이 아니므로 아무도 자랑할 수 없습니다.   에베소서 2:8-9

4/ **17**

April

오늘의 항일

For it is by grace you have been saved, through faith- and this not from yourselves, it is the gift of God- not by works, so that no one can boast.   Ephesians 2:8-9

✓
✓
✓

기도의 사람 조지 뮬러는 모든 일에 자신의 뜻이 한 치라도 남아있지 않기를 기도했어요.

9월의 주제: 봉사와 섬김

오늘의 할일

9/14

September

믿음이 없이는 어떤 교회도 하나님을 기쁘시게 할 수 없어요.

사랑이 있는 곳에는 두려움이 없습니다. 왜냐하면 완전한 사랑이 두려움을 내어 쫓기 때문 입니다. 사람을 두렵게 만드는 것은 벌을 받을지도 모른다는 마음 때문 입니다. 그러므로 두려움을 갖고 있는 사람은 사랑을 완성하지 못한 사람입니다.

요한일서 4:18

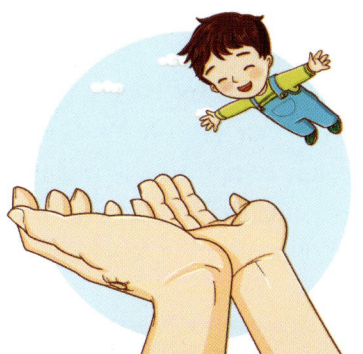

There is no fear in love. But perfect love drives out fear, because fear has to do with punishment. The one who fears is not made perfect in love.

1 John 4:18

4월의 주제: 그리스도 / 십자가

그러나 내게는 우리 주 예수 그리스도의 십자가 말고는 아무것도 자랑할 것이 없습니다. 그리스도의 십자가를 통해 세상은 나에 대해서 죽었고, 나는 세상에 대해서 죽었습니다.   갈라디아서 6:14

4/16

April

오늘의 할일

May I never boast except in the cross of our Lord Jesus Christ, through which the world has been crucified to me, and I to the world.   Galatians 6:14

✓
✓
✓

하나님은 그분의 계획과 목적을 가르쳐 주시기 위하여 우리의 주위 환경을 만들어 가십니다.

9월의 주제 : 봉사와 섬김

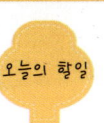

오늘의 할일

9/**15**

September

하나님은 우리를 통해서 어떤 일을 하실지 알려주십니다.

하나님의 자녀라면 누구나 다 세상을 이길 힘을 갖고 있습니다. 세상에 대해 이길 수 있는 승리는 우리의 믿음에 있습니다.   요한일서 5:4

for everyone born of God overcomes the world. This is the victory that has overcome the world, even our faith.

1 John 5:4

4월의 주제 : 그리스도 / 십자가

나는 그리스도와 함께 십자가에서 죽었습니다. 이제는 내가 사는 것이 아니라, 내 안에 계신 그리스도께서 사시는 것입니다. 내가 지금 내 몸 안에 사는 것은 나를 사랑하셔서, 나를 구하시려고 자기 몸을 바치신 하나님의 아들을 믿는 믿음으로 사는 것입니다. 갈라디아서 2:20

4/15

April

오늘의 할일

I have been crucified with Christ and I no longer live, but Christ lives in me. The life I live in the body, I live by faith in the Son of God, who loved me and gave himself for me. Galatians 2:20

✓
✓
✓

기도할수록 하나님의 뜻을 이루고자 하는 소망이 커집니다.

9월의 주제: 봉사와 섬김

오늘의 할일

9/**16**

September

_____
_____
_____

하나님의 일에 우리를 부르실 때 성경의 인물들처럼 우리도 갈등에 부딪치게 되고 이때 믿음이 필요합니다.

나는 늘 내 앞에 여호와를 모셔 두었습니다. 주님께서 늘 내 오른편에 계시므로 내가 결코 흔들리지 않을 것입니다.
시편 16:8

I have set the LORD always before me. Because he is at my right hand, I will not be shaken. Psalms 16:8

4월의 주제: 그리스도 / 십자가

내가 사람의 마음에 들게 하려는 것처럼 보입니까? 그렇지 않습니다. 나는 오직 하나님의 마음을 기쁘시게 하려는 것뿐입니다. 내가 사람을 기쁘게 하려고 한다면, 나는 그리스도의 종이라고 할 수 없습니다.

갈라디아서 1:10

4/14

April

오늘의 할일

Am I now trying to win the approval of men, or of God? Or am I trying to please men? If I were still trying to please men, I would not be a servant of Christ.

Galatians 1:10

✓
✓
✓

우리가 일방적으로 꿈을 정해놓고 하나님께 이루어 달라고 외치는 것은 소용없어요.

9월의 주제 : 봉사와 섬김

오늘의 할일

9/**17**

September

우리는 이미 하나님의 뜻임을 아는 것에서부터 순종해야해요.

내가 음산한 죽음의 골짜기를 지나가게 된다 하더라도, 나는 겁나지 않습니다. 그것은 주님께서 나와 함께 계시기 때문입니다. 주님의 막대기와 지팡이가 나를 든든하게 보호해줍니다. 시편 23:4

Even though I walk through the valley of the shadow of death, I will fear no evil, for you are with me; your rod and your staff, they comfort me.

Psalms 23:4

4월의 주제: 그리스도 / 십자가

여러분은 우리 주 예수 그리스도의 은혜를 알고 있습니다. 그분은 부요한 분이시지만, 여러분을 위해 가난하게 되셨습니다. 그분이 가난하게 되심은 여러분을 부요케 하기 위함이었습니다. 고린도후서 8:9

4/13

April

오늘의 할일

For you know the grace of our Lord Jesus Christ, that though he was rich, yet for your sakes he became poor, so that you through his poverty might become rich. 2 Corinthians 8:9

✓
✓
✓

우리는 삐뚤어진 생각을 버리고 하나님의 생각으로 바꿔야 합니다.

9월의 주제: 봉사와 섬김

오늘의 할일

9/**18**

September

하나님은 작은 일에 충성하고 순종하는 사람에게 더 큰것을 믿고 맡기세요.

누가 영광의 왕이신가? 하늘 군대를 다스리시는 여호와 그분이 영광의 왕이시다. 시편 24:10

Who is he, this King of glory? The LORD Almighty-he is the King of glory.

Psalms 24:10

4월의 주제: 그리스도 / 십유가

그러므로 누구든지 그리스도 안에 있으면 새로운 창조입니다. 이전 것들은 지나갔고, 보십시오, 새 것들이 와 있습니다.   고린도후서 5:17

4/12

April

오늘의 할일

Therefore, if anyone is in Christ, he is a new creation; the old has gone, the new has come!

2 Corinthians 5:17

✓
✓
✓

하나님 중심의 삶을 살려면 내가 세운 계획이 아니라 하나님의 목적에 따라 살아야해요.

오늘의 말씀

9/**19**

September

― ― ― ― ― ―
― ― ― ― ― ―
― ― ― ― ― ―

하나님이 우리를 통해 그분의 역사를 이루실 수 있도록 그분의 일에 동참해야해요.

9월의 주제: 봉사와 섬김

여호와의 천사들은 주님을 높이는 사람들 둘레에 진을 치고, 그들을 구원하십니다.

시편 34:7

The angel of the LORD encamps around those who fear him, and he delivers them.   Psalms 34:7

4월의 주제: 그리스도 / 십자가

그리고 그리스도께서 살아나지 않으셨다면 믿음은 공허한 것이 될 뿐더러 여러분은 여전히 죄 가운데 있을 것입니다.   고린도전서 15:17

4/11

April

오늘의 할일

And if Christ has not been raised, your faith is futile; you are still in your sins.   1 Corinthians 15:17

하나님의 계명을 지키는 것은 하나님을 사랑한다는 증거에요.

9월의 주제: 봉사와 섬김

9/**20**

September

하나님이 주시는 사명은 항상 사람이 할 수 있는 범위를 넘어선 것들입니다.

여호와 하나님은 우리의 태양이며 방패이십니다. 여호와는 우리에게 은혜와 명예를 주십니다. 주는 정직하게 사는 사람에게 가장 좋은 것을 아끼지 아니하시고 주십니다.   시편 84:11

For the LORD God is a sun and shield; the LORD bestows favor and honor; no good thing does he withhold from those whose walk is blameless.   Psalms 84:11

4월의 주제: 그리스도 / 십자가

십자가에 관한 말씀이 멸망할 사람들에게는 어리석은 것에 불과하지만, 구원 받은 우리에게는 하나님의 능력입니다.　　　고린도전서 1:18

4/ 10

April

오늘의 할일

✓
✓
✓

하나님과 사랑의 관계를 위하여 우리의 삶을 조정하면 하나님은 그분의 일하시는 곳을 우리에게 보여주세요.

For the message of the cross is foolishness to those who are perishing, but to us who are being saved it is the power of God.
　　　1 Corinthians 1:18

9월의 주제 : 봉사와 섬김

오늘의 할일

9/**21**

September

하나님만이하실수있는일 들이일어나는것을볼때우 리는비로소하나님이살아 계심을알게됩니다.

여호와께서 나와 함께 계시니 내가 무서워하지 않습니다. 사람들이 내게 무슨 일을 할 수 있겠 습니까?
시편 118:6

The LORD is with me; I will not be afraid. What can man do to me?   Psalms 118:6

4월의 주제: 그리스도 / 십자가

주 예수 그리스도로 옷 입으십시오. 죄의 본성이 바라는 정욕을 만족시키는 생각을 하지 마십시오.

로마서 13:14

4/9

April

오늘의 할일

✓
✓
✓

기도하면 하나님이 일하시는 곳을 찾을 수 있어요.

Rather, clothe yourselves with the Lord Jesus Christ, and do not think about how to gratify the desires of the sinful nature.   Romans 13:14

9월의 주제: 봉사와 섬김

오늘의 할일

9/**22**

September

하나님의일에동참하므로 친구들과세상사람들에게 하나님이살아계심을보여 주세요.

여호와의 법규들을 지키는 자들은 복 있는 사람입니다. 마음을 다해 여호와를 찾는 자들은 복 있는 사람입니다.

시편 119:2

Blessed are they who keep his statutes and seek him with all their heart.

Psalms 119:2

4월의 주제: 그리스도 / 십자가

그러므로 이제 그리스도 예수 안에 있는 사람은 정죄를 받지 않습니다. 그것은 그리스도 예수 안에서 생명을 주시는 성령의 법이 죄와 사망의 법에서 여러분을 해방시켰기 때문입니다. 로마서 8:1-2

4/8

April

오늘의 할일

Therefore, there is now no condemnation for those who are in Christ Jesus, because through Christ Jesus the law of the Spirit of life set me free from the law of sin and death.
Romans 8:1-2

✓
✓
✓

하나님은 그분이 일하시는 곳을 우리에게 보여주시고 그 일에 참여하도록 초청하세요.

9월의 주제 : 봉사와 섬김

오늘의 할일

9/**23**

September

말이 아니라 삶을 통해 예수님을 높이세요.

여호와의 약속에 따라 나를 살려 주시면 내가 살 수 있을 것입니다. 나의 소망들이 깨어지지 않게 해 주소서.　　　　　　　　　　시편 119:116

Sustain me according to your promise, and I will live; do not let my hopes be dashed.　Psalms 119:116

4월의 주제: 그리스도 / 십자가

그런데 그리스도께서는 우리가 아직 죄인이었을 때에 우리를 위해 죽으셨습니다. 이것으로써 하나님께서는 우리를 향한 그분의 사랑을 나타내셨습니다. 로마서 5:8

4/7
April

오늘의 할일

But God demonstrates his own love for us in this: While we were still sinners, Christ died for us. Romans 5:8

✓
✓
✓

하나님의 사랑을 확신하게 될 때 우리는 하나님을 믿게 되고 결국 하나님께 순종하게 됩니다.

9월의 주제: 봉사와 섬김

오늘의 할일

9/**24**

September

살아계신 예수님이 우리를 통해서 일으키시는 변화를 세상에 보여주세요.

여호와는 여러분을 지켜 주십니다. 여호와는 여러분의 오른편에 있는 그늘이십니다. 낮에 태양이 여러분을 해하지 못하며, 밤에 달이 여러분을 해하지 못할 것입니다.
시편 121:5-6

The LORD watches over you-the LORD is your shade at your right hand; the sun will not harm you by day, nor the moon by night.
Psalms 121:5-6

4월의 주제 : 그리스도 / 십자가

우리가 믿음으로 의롭다 함을 받았으므로, 우리는 우리 주 예수 그리스도로 말미암아 하나님과 함께하는 평강을 누리고 있습니다. 로마서 5:1

4/6

April

오늘의 할일

Therefore, since we have been justified through faith, we have peace with God through our Lord Jesus Christ,
Romans 5:1

✓
✓
✓

하나님은 우리를 사랑하시기 때문에 하나님의 뜻은 우리에게 항상 최선이에요.

오늘의 할일

9/25

September

만일 우리가 하나님의 일을 하지 않는다면 세상은 하나님을 알 수 없어요.

여호와는 너의 의지가 되시고, 네 발이 올무에 걸려 넘어지지 않도록 지키실 것이다.

잠언 3:26

For the LORD will be your confidence and will keep your foot from being snared. Proverbs 3:26

4월의 주제: 그리스도 / 십자가

영생은 곧 한 분이신 참 하나님과 아버지께서 보내신 자, 예수 그리스도를 아는 것입니다.
요한복음 17:3

4/5

April

오늘의 할일

Now this is eternal life: that they may know you, the only true God, and Jesus Christ, whom you have sent.   John 17:3

✓
✓
✓

하나님은 항상 먼저 우리와 사랑의 관계를 맺기를 원하세요.

9월의 주제 : 봉사와 섬김

오늘의 할일

9/**26**

September

우리가 무슨 말을 하든지 상관없이 우리의 행동이 하나님에 대한 우리의 믿음을 보여줍니다.

사람을 두려워하면 올무에 걸리지만, 여호와를 신뢰하는 자는 안전할 것이다.

잠언 29:25

Fear of man will prove to be a snare, but whoever trusts in the LORD is kept safe. Proverbs 29:25

4월의 주제: 그리스도 / 십자가

말씀이 사람이 되셔서, 우리 가운데에서 사셨습니다. 우리는 그분의 영광을 보았습니다. 그 영광은 오직 아버지의 독생자만이 가질 수 있는 영광이었습니다. 그 말씀은 은혜와 진리로 충만해 있었습니다.

요한복음 1:14

4/ **4**

April

오늘의 할일

The Word became flesh and made his dwelling among us. We have seen his glory, the glory of the One and Only, who came from the Father, full of grace and truth.   John 1:14

✓
✓
✓

하나님은 우리를 사랑하셔서 아들 예수님을 이 땅에 보내셨어요.

9월의 주제: 봉사와 섬김

오늘의 할일

9/**27**

September

성령님께서는 하나님이 원하시는 일을 하기 위해 우리에게 능력을 주십니다.

하나님은 나의 구원이십니다. 하나님을 믿으니 내게 두려움이 없습니다. 여호와는 나의 힘이시며, 나의 노래이시며 나의 구원이십니다.

이사야 12:2

Surely God is my salvation; I will trust and not be afraid. The LORD, the LORD, is my strength and my song; he has become my salvation.   Isaiah 12:2

4월의 주제: 그리스도 / 십자가

인자도 섬김을 받으러 온 것이 아니라, 섬기러 왔다. 인자는 자기 생명을 많은 사람의 대속물로 주려고 왔다. 마가복음 10:45

4/3

April

오늘의 항일

For even the Son of Man did not come to be served, but to serve, and to give his life as a ransom for many.

Mark 10:45

✓
✓
✓

만약 하나님과 관계를 맺고 있다고 말하지 못한다면 관계를 맺게 해달라고 성령님께 도움을 청하세요.

9월의 주제: 봉사와 섬김

오늘의 할일

9/**28**

September

믿음의 갈등에 부딪쳤을 때 어떻게 하느냐가 우리의 믿음을 보여주는 척도입니다.

내가 빛을 만들고 어둠을 창조하였다. 나는 평화를 가져오기도 하고 재앙을 일으키기도 한다. 나 여호와가 이 모든 것을 한다.

이사야 45:7

I form the light and create darkness, I bring prosperity and create disaster; I, the LORD, do all these things.

Isaiah 45:7

4월의 주제: 그리스도 / 십자가

그때, 예수님께서 제자들에게 말씀하셨습니다.
"만일 누구든지 나를 따라오려면 자기를 부정하고, 자기 십자가를 지고, 나를 따르라."

마태복음 16:24

4/2

April

오늘의 할일

Then Jesus said to his disciples,
"If anyone would come after me,
he must deny himself and take
up his cross and follow me."

Matthew 16:24

✓
✓
✓

온 마음으로 예수님을 사랑한다고 고백해 보세요.

9월의 주제 : 봉사와 섬김

오늘의 활일

9/**29**

September

예수님 안에서 행복하려면 주님을 의지하고 순종하는 것뿐입니다.

그리고 여호와께서 늘 너희를 인도하실 것이다. 메마른 땅에서 너희를 만족시키시고, 너희 뼈에 힘을 주실 것이다. 너희는 마치 물이 넉넉한 동산처럼 되고, 마르지 않는 샘처럼 될 것이다. 이사야 58:11

The LORD will guide you always; he will satisfy your needs in a sun-scorched land and will strengthen your frame. You will be like a well-watered garden, like a spring whose waters never fail. Isaiah 58:11

4월의 주제: 그리스도 / 십자가

시몬 베드로가 대답했습니다. "주님은 그리스도시며, 살아계신 하나님의 아들이십니다."

마태복음 16:16

Simon Peter answered, "You are the Christ, the Son of the living God."

Matthew 16:16

4/ 1

April

오늘의 행일

✓
✓
✓

하나님은 사랑의 관계를 맺으시려고 우리를 창조하셨어요.

9월의 주제: 봉사와 섬김

오늘의 할일

9/**30**

September

하나님은 우리의 인격을 변화시키시는데 관심이 많으세요.

여호와를 알자. 우리가 여호와를 아는 데 전력하자. 날마다 새벽이 오듯이 주도 틀림없이 오실 것이다. 소나기처럼, 땅을 적시는 봄비처럼 주께서 오실 것이다.

호세아 6:3

Let us acknowledge the LORD; let us press on to acknowledge him. As surely as the sun rises, he will appear; he will come to us like the winter rains, like the spring rains that water the earth.

Hosea 6:3

3월의 주제 : 말씀과 축복

내가 너희에게 말한 모든 것을 지키도록 가르쳐라. 보아라, 내가 너희와 세상 끝 날까지 항상 함께 있겠다.
마태복음 28:20

오늘의 할일

3/**31**

March

성경은 하나님의 일하는 방법을 우리에게 알려주기 위해 쓰였어요.

And teaching them to obey everything I have commanded you. And surely I am with you always, to the very end of the age.
Matthew 28:20

10월의 주제: 헌신 / 성읽기

10/1

October

오늘의 할일

- ✓
- ✓
- ✓

행함이 없는 믿음은 죽은 믿음이에요.

자선을 베풀 때에는 네 오른손이 하는 일을 왼손이 모르게 하여라. 마태복음 6:3

But when you give to the needy, do not let your left hand know what your right hand is doing,

Matthew 6:3

3월의 주제: 말씀과 축복

내 백성이 지식이 없어서 망한다. 네가 지식을 거부했기 때문에 나도 너희가 내 제사장이 되지 못하게 하겠다. 너희가 너희 하나님의 가르침을 잊어버렸으므로 나도 너희 자녀를 잊을 것이다. 호세아 4:6

오늘의 할일

3/ **30**

March

하나님은 끊임없이 우리에게 함께 이야기하고 함께 있자고 초청하십니다.

My people are destroyed from lack of knowledge. 'Because you have rejected knowledge, I also reject you as my priests; because you have ignored the law of your God, I also will ignore your children. Hosea 4:6

10월의 주제 : 헌신 / 청지기

> 그러므로 꼴찌가 첫째가 되고, 첫째가 꼴찌가 될 것이다.
>
> 마태복음 20:16

10/2

October

오늘의 할일

- ✓
- ✓
- ✓

겉으로드러나는성공이나실패가믿음을나타내는것이아니라결과에개의치않고주인이맡긴일을하는사람이총성스러운믿음의사람이에요.

So the last will be first, and the first will be last.

Matthew 20:16

3월의 주제 : 말씀과 축복

풀은 마르고 꽃은 시들지만, 우리 하나님의 말씀은 언제나 이루어진다.

이사야 40:8

The grass withers and the flowers fall, but the word of our God stands forever.

Isaiah 40:8

오늘의 할일

3/29

March

모세처럼 하나님의 뜻을 이루는데 쓰임받읍시다.

10월의 주제: 헌신 / 청지기

가진 사람은 더 많이 받아 풍성하게 될 것이고, 없는 사람은 있는 것마저 빼앗길 것이다.

마태복음 25:29

10/**3**

October

오늘의 할일

✓
✓
✓

충성하면서 힘들어하지마세요. 충성스러운 종들에게는 상이기다리고있어요.

For everyone who has will be given more, and he will have an abundance. Whoever does not have, even what he has will be taken from him.

Matthew 25:29

3월의 주제: 말씀과 축복

네 마음으로 죄인들을 부러워하지 말고, 언제나 여호와를 경외하여라. 그러면 네 앞길이 환하게 열릴 것이고, 네 소망이 끊어지지 않을 것이다.

잠언 23:17-18

Do not let your heart envy sinners, but always be zealous for the fear of the LORD. There is surely a future hope for you, and your hope will not be cut off.

Proverbs 23:17-18

오늘의 할일

3/ **28**

March

하나님은 우리 각 사람을 향한 목적을 가지고 계세요.

10월의 주제: 헌신 / 청지기

10/4 October

오늘의 할일

- ✓
- ✓
- ✓

우리의 믿음을 보여주기 위해서는 하나님께 우리를 맞추어야 합니다.

그러나 하나님께서 그 사람에게 말했다. "어리석은 사람아! 오늘 밤 네 영혼을 가져갈 것이다. 그러면 네가 준비한 것을 누가 가져가겠느냐?"

누가복음 12:20

But God said to him, "You fool! This very night your life will be demanded from you. Then who will get what you have prepared for yourself?"

Luke 12:20

명예가 많은 재물보다 귀하고, 좋은 평판이 금은보화보다 훨씬 낫다.
잠언 22:1

3/**27**

March

A good name is more desirable than great riches; to be esteemed is better than silver or gold.
Proverbs 22:1

자신의 삶에 초점을 맞추기보다 하나님의 뜻에 자신을 맞추세요.

10월의 주제: 헌신 / 형통위

10/5

October

너희도 준비하여라.
인자는 너희가 생각지도 않은 때에 올 것이다.

누가복음 12:40

오늘의 할일

✓
✓
✓

하나님께서 우리에게 그
분의 일을 맡기실때마다
획기적인 조정은 언제나
필수였어요.

You also must be ready,
because the Son of Man
will come at an hour when
you do not expect him.

Luke 12:40

3월의 주제: 말씀과 축복

재물이 없어도 여호와를 모신 삶이, 많은 재산을 갖고 있으면서 문제가 많은 것보다 낫다.

잠언 15:16

오늘의 할일

3/ **26**

March

Better a little with the fear of the LORD than great wealth with turmoil.

Proverbs 15:16

변화되지 않은 그대로의 모습으로는 하나님과 함께할 수가 없어요.

10월의 주제: 헌신 / 형통기

10/6

October

내가 너희에게 진리를 말한다. 밀알이 땅에 떨어져 죽지 않으면 한 알 그대로 있지만, 죽으면 많은 열매를 맺는 법이다. 요한복음 12:24

오늘의 할일

- ✓
- ✓
- ✓

하나님의 부르심은 우리를 믿음의 갈등으로 몰아넣고 결단과 그에 따른 조정을 요구하십니다.

I tell you the truth, unless a kernel of wheat falls to the ground and dies, it remains only a single seed. But if it dies, it produces many seeds.

John 12:24

3월의 주제: 말씀과 축복

내 아들아, 내 가르침을 잊지 말고, 내 명령들을 네 마음에 소중히 간직하여라. 그렇게 하면, 너는 오래 살고, 성공하게 될 것이다.   잠언 3:1-2

오늘의 할일

3/25

March

My son, do not forget my teaching, but keep my commands in your heart, for they will prolong your life many years and bring you prosperity.

Proverbs 3:1-2

하나님은 하나님의 사람들 곧 하나님의 종을 통해서 일하십니다.

10월의 주제: 헌신 / 형유기

10/7

October

오늘의 할일

✓
✓
✓

하나님께 우리의 인생을 조정하고 나면 우리는 순종할수있게됩니다.

토기그릇을 만드는 사람이 똑같은 진흙으로 귀하게 사용할 그릇과 천하게 사용할 그릇을 만들 권한이 없단 말입니까?   로마서 9:21

Does not the potter have the right to make out of the same lump of clay some pottery for noble purposes and some for common use?   Romans 9:21

3월의 주제 : 말씀과 축복

주의 말씀은 내 발의 등불이며, 내 길의 빛입니다.

시편 119:105

Your word is a lamp to my feet and a light for my path.

Psalms 119:105

오늘의 할일

3/**24**

March

주님이 계신 곳이 바로 우리가 있어야 할 곳이에요.

10월의 주제: 헌신 / 청지기

10/8

October

오늘의 할일

✓
✓
✓

하나님이 우리를 부르시는 것은 우리의 인생을 그분께로 조정하라는 하나님의 초청이에요.

격려하는 선물이면 격려하는 일로, 남을 구제하는 선물이면 너그럽게 나누는 일로, 지도하는 선물이면 열성을 다해, 자선을 베푸는 것이면 기쁨으로 그 선물을 사용하십시오. 로마서 12:8

If it is encouraging, let him encourage; if it is contributing to the needs of others, let him give generously; if it is leadership, let him govern diligently; if it is showing mercy, let him do it cheerfully. Romans 12:8

3월의 주제 : 말씀과 축복

주의 말씀이 나의 입에 얼마나 단지요.
나의 입에 꿀보다 더 답니다.　　시편 119:103

How sweet are your words to
my taste, sweeter than honey
to my mouth!

Psalms 119:103

오늘의 할일

3/**23**

March

진흙인 우리는 토기장이
인 하나님에 의해 빚어져
야 해요.

10월의 주제: 헌신 / 형제우의

10/9

October

오늘의 할일

- ✓
- ✓
- ✓

모세는 순종을 통해서 하나님의 충만한 성품을 경험하기 시작했어요.

형제자매를 사랑하듯이 서로 사랑하며, 자신보다 남을 더 존경하십시오. 열심히 일하고 게으르지 마십시오. 성령으로 달구어진 마음을 가지고 주님을 섬기십시오.

로마서 12:10-11

Be devoted to one another in brotherly love. Honor one another above yourselves. Never be lacking in zeal, but keep your spiritual fervor, serving the Lord.

Romans 12:10-11

3월의 주제: 말씀과 축복

내가 주의 말씀을 내 마음속에 두었습니다.
내가 주께 죄를 짓지 않기 위해서입니다.

시편 119:11

I have hidden your word in my heart that I might not sin against you.   Psalms 119:11

오늘의 할일

3/**22**

March

날마다 하나님의 인도를 받고싶다면 하나님과 가까이 계십시오.

10월의 주제: 헌신 / 청지기

10/10

October

오늘의 할일

- ✓
- ✓
- ✓

우리의 계획이 아니라 하나님의 목적에 우리의 삶을 맞추어야 해요.

낮에 활동하는 사람처럼 단정히 행동합시다. 난잡한 유흥을 즐기지 말고, 술 취하지 마십시오. 성적으로 문란하거나 퇴폐적인 생활을 버리십시오. 다투지 말고 질투하지 마십시오. 로마서 13:13

Let us behave decently, as in the daytime, not in orgies and drunkenness, not in sexual immorality and debauchery, not in dissension and jealousy.

Romans 13:13

3월의 주제 : 말씀과 축복

젊은이가 어떻게 그의 길을 깨끗하게 유지할 수 있겠습니까? 주의 말씀에 따라 살면 깨끗하게 유지할 수 있습니다. 시편119:9

How can a young man keep his way pure? By living according to your word. Psalms 119:9

오늘의 할일

3/**21**

March

하나님은 우리에게 말씀하는 바로 그 순간 우리가 응답하기를 바라세요.

10월의 주제 : 헌신 / 청지기

10/**11**

October

오늘의 할일

- ✓
- ✓
- ✓

하나님의 길은 우리의 길과 다르기 때문에 그분을 따르는 길은 오직 그분께 우리의 인생을 조정하는 것입니다.

그러므로 우리는 각자 자신이 한 일에 대해 하나님께 사실대로 말씀드리게 될 것입니다.

로마서 14:12

So then, each of us will give an account of himself to God. Romans 14:12

3월의 주제 : 말씀과 축복

하나님의 말씀을 찬송하며 하나님을 굳게 믿고 두려워하지 않을 것입니다. 사람이 내게 어떻게 할 수 있겠습니까?
시편 56:4

오늘의 할일

3/20

March

In God, whose word I praise, in God I trust; I will not be afraid. What can mortal man do to me?
Psalms 56:4

우리는 죄의 영향을 너무 많이 받아서 성령님이 가르쳐 주시지 않으면 진리를 알 수 없어요.

10월의 주제: 헌신 / 청지기

10/12

October

오늘의 할일

- ✓
- ✓
- ✓

하나님의 뜻에 나를 조정하지 않으면서 하나님과 동행할 수는 없어요.

자신을 속이지 마십시오. 여러분 중에 어떤 사람이 이 세상의 표준에 따라 자신이 지혜 있는 사람이라는 생각이 들거든, 진정 지혜 있는 자가 되기 위해서 어리석은 사람이 되십시오. 고린도전서 3:18

Do not deceive yourselves. If any one of you thinks he is wise by the standards of this age, he should become a 'fool' so that he may become wise.

1 Corinthians 3:18

3월의 주제 : 믿음과 축복

행복한 사람은 나쁜 사람들의 꼬임에 따라가지 않는 사람입니다. 행복한 사람은 죄인들이 가는 길에 함께 서지 않으며, 빈정대는 사람들과 함께 자리에 앉지 않는 사람입니다. 시편 1:1

Blessed is the man who does not walk in the counsel of the wicked or stand in the way of sinners or sit in the seat of mockers. Psalms 1:1

오늘의 할일

3/ **19**

March

하나님은 지금도 여전히 하나님의 사람들에게 말씀하세요.

10월의 주제: 헌신 / 형읽기

맡은 사람에게 더없이 요구되는 것은 충성입니다.

고린도전서 4:2

10/ **13**

October

오늘의 할일

- ✓
- ✓
- ✓

먼저 하나님의 뜻에 자신을 조정하고 두번째로 하나님이 명령하신 것에 순종하세요.

Now it is required that those who have been given a trust must prove faithful.

1 Corinthians 4:2

3월의 주제 : 말씀과 축복

언제나 율법책에 씌어 있는 것을 입에서 떠나지 않게 밤낮으로 소리 내어 읽어라. 그리하여 거기에 씌어 있는 모든 것을 잘 지킬 수 있도록 하여라. 그러면 네가 하는 일이 다 잘되고 또 성공할 것이다.

여호수아 1:8

Do not let this Book of the Law depart from your mouth; meditate on it day and night, so that you may be careful to do everything written in it. Then you will be prosperous and successful. Joshua 1:8

오늘의 할일

3/18

March

하나님은 주도권을 갖고 그분의 일에 동참하도록 우리를 초청하세요.

10월의 주제: 헌신 / 형읽기

10/ **14**

October

오늘의 할일

- ✓
- ✓
- ✓

하나님께 순종할때 오직 그분만이 하실수있는일을 우리를 통해서 하십니다.

그것은 하나님의 나라는 말에 있지 않고 능력에 있기 때문입니다.   고린도전서 4:20

For the kingdom of God is not a matter of talk but of power.   1 Corinthians 4:20

3월의 주제 : 말씀과 축복

내가 오늘 여러분에게 명령하는 말씀을 오른쪽으로 나 왼쪽으로 치우쳐 어기지 마시오. 내가 명령한 대로만 하시오. 다른 신들을 따르거나 섬기지 마시오.

신명기 28:14

오늘의 할일

3/ 17

March

Do not turn aside from any of the commands I give you today, to the right or to the left, following other gods and serving them.

Deuteronomy 28:14

하나님중심의 삶을 살면 그분을 기쁘시게 하는 일을 하고 싶은 갈망이 생겨요.

10월의 주제: 헌신 / 청지기

10/**15**

October

오늘의 할일

- ✓
- ✓
- ✓

하나님은 우리를 사랑하셔서 우리를 위해 항상 최선이 고울은 일을 하십니다.

여러분은 하나님께서 값을 치르고 산 몸입니다. 그러므로 여러분의 몸으로 하나님께 영광을 돌리십시오.   고린도전서 6:20

you were bought at a price. Therefore honor God with your body.   1 Corinthians 6:20

3월의 주제 : 말씀과 축복

나는 너와 함께하고 네가 어디로 가든 너를 지켜 줄 것이다. 그리고 너를 다시 이 땅으로 데려오리니, 내가 너에게 약속한 것을 다 이루어주기 전까지 너를 떠나지 않을 것이다. 창세기 28:15

I am with you and will watch over you wherever you go, and I will bring you back to this land. I will not leave you until I have done what I have promised you.
Genesis 28:15

오늘의 할일

3/ 16

March

하나님을 만난 사람들은 하나님께 순종하기 위해서 자신의 삶을 크게 조정해야 해요.

10월의 주제: 헌신 / 청지기

10/16
October

오늘의 할일

- ✓
- ✓
- ✓

하나님은 우리 삶의 주인이 되기 원하세요.

우리는 이 보화를 질그릇에 담고 있습니다. 이것은 그 풍성한 능력이 우리에게서 나오는 것이 아니라 하나님께로부터 나오는 것임을 보이시려는 것입니다.

고린도후서 4:7

But we have this treasure in jars of clay to show that this all-surpassing power is from God and not from us.

2 Corinthians 4:7

3월의 주제: 말씀과 축복

내가 분명히 너에게 복을 주고 또 많은 자손을 줄 것이다. 네 자손은 하늘의 별처럼 바닷가의 모래처럼 많게 될 것이며, 네 자손은 원수의 성들을 정복하게 될 것이다. 창세기 22:17

I will surely bless you and make your descendants as numerous as the stars in the sky and as the sand on the seashore. Your descendants will take possession of the cities of their enemies. Genesis 22:17

오늘의 할일

3/15

March

만일 우리가 순종하지 않으면 하나님은 우리를 그대로 내버려 두시기 때문에 하나님을 경험할 수 없습니다.

10월의 주제: 헌신 / 형읽기

10/**17**

October

오늘의 할일

✓
✓
✓

우리를 부르신 하나님은 우리를 통해서 그분의 뜻을 이루기 위해 능력을 주시는 분이에요.

오히려 "자랑하는 자는 주님 안에서 자랑해야 합니다." 옳다고 인정받는 사람은 스스로 자신을 칭찬하는 사람이 아니라 주님께서 칭찬하시는 사람입니다.

고린도후서 10:17-18

But, "Let him who boasts boast in the Lord." For it is not the one who commends himself who is approved, but the one whom the Lord commends."

2 Corinthians 10:17-18

3월의 주제: 말씀과 축복

보아라! 내가 속히 가겠다! 이 책에 기록된 예언의 말씀을 지키는 자들에게는 복이 있을 것이다.   요한계시록 22:7

Behold, I am coming soon! Blessed is he who keeps the words of the prophecy in this book.   Revelation 22:7

오늘의 할일

3/ **14**

March

우리는 하나님의 종이기에 우리의 삶을 그분이 하시려는 일에 맞춰야 해요.

10월의 주제: 헌신 / 청지기

10/**18**

October

오늘의 할일

- ✓
- ✓
- ✓

계속해서 우리 방식대로 일하면서 하나님의 목적을 성취할 수는 없어요.

> 스스로 속이지 마십시오. 하나님을 속일 수는 없습니다. 사람은 자기가 심은 대로 거둘 것입니다.
> 갈라디아서 6:7

Do not be deceived: God cannot be mocked. A man reaps what he sows.
Galatians 6:7

3월의 주제 : 말씀과 축복

이 계시의 말씀을 읽는 자는 복 있는 사람입니다. 또한 이것을 듣고 그 가운데 기록된 것을 지키는 자들 역시 복 있는 사람입니다. 그것은 이 모든 말씀이 이루어질 날이 점점 다가오고 있기 때문입니다.   요한계시록 1:3

오늘의 할일

3/ **13**

March

Blessed is the one who reads the words of this prophecy, and blessed are those who hear it and take to heart what is written in it, because the time is near.

Revelation 1:3

하나님은 우리가 60년에 걸쳐서 할일을 그분께 헌신된 사람들을 사용하셔서 6개월도 안 걸려 끝내실 수 있습니다.

10월의 주제: 헌신 / 청지기

10/ **19**

October

오늘의 할일

- ✓
- ✓
- ✓

자랑하는 마음은 티끌만큼이라도 피해야만 합니다.

감독은 하나님을 섬기는 일을 맡은 사람이기 때문에 흠이 없는 사람이어야 하며, 교만하고 이기적이거나 화를 잘 내서는 안 됩니다. 술을 좋아하고 싸우기를 잘하며, 남을 속여 자신의 이익을 챙기는 사람이어서도 안 됩니다.

디도서 1:7

Since an overseer is entrusted with God's work, he must be blameless-not overbearing, not quick-tempered, not given to drunkenness, not violent, not pursuing dishonest gain. Titus 1:7

3월의 주제: 말씀과 복종

하나님께서 가르쳐 주신 대로 행하십시오. 듣기만 하고 행하지 않는 사람이 되어서는 안 됩니다. 앉아서 듣기만 한다면 그것은 자신을 속이는 것입니다.

야고보서 1:22

오늘의 할일

3/ **12**

March

Do not merely listen to the word, and so deceive yourselves. Do what it says.   James 1:22

하나님 중심의 삶은 날마다 자신을 내려놓고 하나님께 순복하는 것을 의미해요.

10월의 주제 : 헌신 / 청읽기

10/20
October

오늘의 할일

- ✓
- ✓
- ✓

지금까지 하나님의 뜻임을 아는 것에 대해서는 모두 순종했나요?

다른 사람들에게 선을 베푸는 일을 잊지 마십시오. 여러분이 가진 것을 서로 나누시기 바랍니다. 이러한 행동은 하나님을 기쁘시게 하는 제사입니다.

히브리서 13:16

And do not forget to do good and to share with others, for with such sacrifices God is pleased.

Hebrews 13:16

3월의 주제: 말씀과 축복

하나님의 말씀은 살아 있고 힘이 있습니다. 양쪽에 날이 선 칼보다도 더 날카로워서 우리의 혼과 영과 관절과 골수를 쪼개며, 마음속에 있는 생각과 감정까지 알아냅니다. 히브리서 4:12

For the word of God is living and active. Sharper than any double-edged sword, it penetrates even to dividing soul and spirit, joints and marrow; it judges the thoughts and attitudes of the heart. Hebrews 4:12

오늘의 할일

3/ 11

March

죄의 본질은 하나님 중심에서 자기 중심으로 옮겨 가는 것입니다.

10월의 주제: 헌신 / 청지기

10/21

October

오늘의 할일

- ✓
- ✓
- ✓

하나님이 우리의 주인이라면 언제라도 우리가 좋아하는 일을 중단시켜도 좋다고 말할 수 있나요?

하나님께서는 여러분 모두에게 성령의 선물을 허락해 주셨습니다. 또한 각자에게 특별한 다른 선물을 주심으로, 하나님의 은혜를 알게 하셨습니다. 그러므로 하나님의 선물을 가볍게 여기지 말고, 착한 종처럼 남을 돕는 일에 사용하십시오.

베드로전서 4:10

Each one should use whatever gift he has received to serve others, faithfully administering God's grace in its various forms.

1 Peter 4:10

3월의 주제 : 말씀과 축복

모든 성경 말씀은 하나님께서 감동을 주셔서 기록되었기 때문에 진리를 가르쳐 주며, 삶 가운데 무엇이 잘못되었는지 알게 해 줍니다. 또한 그 잘못을 바르게 잡아 주고 의롭게 사는 법을 가르쳐 줍니다.

디모데후서 3:16

오늘의 할일

3/ **10**

March

All Scripture is God-breathed and is useful for teaching, rebuking, correcting and training in righteousness

2 Timothy 3:16

하나님을 주님으로 영접한 후부터는 하나님이 원하시면 언제든지 우리의 삶을 그분께 드려야 해요.

10월의 주제: 헌신 / 형광펜

10/22
October

오늘의 할일

- ✓
- ✓
- ✓

하나님의시간까지기다리는동안우리가해야할것들을 기꺼이해야합니다.

이스라엘 백성에게 말하여 나에게 예물을 가져오게 하여라. 바치고자 하는 마음이 우러나와서 바치는 자들의 예물을 받아라.   출애굽기 25:2

Tell the Israelites to bring me an offering. You are to receive the offering for me from each man whose heart prompts him to give.

Exodus 25:2

3월의 주제 : 말씀과 축복

그대 스스로 하나님께 인정받는 선한 사람이 되도록 힘쓰고, 하나님을 열심히 섬기십시오. 진리의 말씀을 올바르게 가르쳐서 부끄러움이 없는 일꾼이 되도록 노력하십시오.   디모데후서 2:15

Do your best to present yourself to God as one approved, a workman who does not need to be ashamed and who correctly handles the word of truth.
2 Timothy 2:15

오늘의 할일

3/9

March

하나님의 음성을 들을 수 있는 열쇠는 하나님과 사랑의 관계를 갖는 거예요. 하나님은 사랑하는 사람에게 말씀하세요.

10월의 주제: 헌신 / 청유읽기

10/23

October

오늘의 할일

- ✓
- ✓
- ✓

"주님, 오늘 말씀하시든지, 미래에 말씀하시든지 제 대답은 언제나 '예'입니다"라고 고백하세요.

지도자들이 이스라엘을 이끌었네.
백성은 스스로 나서서 전쟁에 나가 싸웠네.
여호와를 찬양하여라.   사사기 5:2

When the princes in Israel take the lead, when the people willingly offer themselves- praise the LORD!   Judges 5:2

3월의 주제 : 말씀과 축복

하나님께서 만드신 것은 모두 좋은 것입니다. 감사하는 마음으로 받으면, 버릴 것이 하나도 없습니다.

디모데전서 4:4

For everything God created is good, and nothing is to be rejected if it is received with thanksgiving

I Timothy 4:4

오늘의 할일

3/8

March

우리를 통하여 하나님의 일을 이루기 위해서는 우리의 삶을 바꾸어야해요.

10월의 주제 : 헌신 / 청지기

10/**24**

October

오늘의 할일

✓
✓
✓

우리자신을 조정한다는 것은 우리의 능력, 재능, 선호도, 목적을 따라 일하는 것이 아니라 하나님께 의지하는 것을 말해요.

지도자들은 기쁜 마음으로 여호와께 예물을 바쳤습니다. 그들이 한결 같이 기쁜 마음으로 여호와께 바쳤으므로, 백성도 기뻐했고, 다윗도 기뻐했습니다.

역대상 29:9

The people rejoiced at the willing response of their leaders, for they had given freely and wholeheartedly to the LORD. David the king also rejoiced greatly.   1 Chronicles 29:9

3월의 주제 : 말씀과 축복

머리에는 구원의 투구를 쓰고, 하나님의 말씀인 성령의 칼을 쥐십시오.

에베소서 6:17

Take the helmet of salvation and the sword of the Spirit, which is the word of God.

Ephesians 6:17

오늘의 할일

3/**7**

March

하나님중심의삶은자신의 능력이아니라하나님의능 력을의지하는것입니다.

10월의 주제: 헌신 / 형원기

10/25
October

오늘의 할일

- ✓
- ✓
- ✓

하나님과 교제하려면
우리의 예배가 실질적이고
개인적이어야해요.

그리고 어려울 때에 내게 부르짖어라. 내가 너를 건지겠고, 그러면 네가 나를 높일 것이다.

시편 50:15

And call upon me in the day of trouble; I will deliver you, and you will honor me.   Psalms 50:15

3월의 주제 : 말씀과 중목

하나님의 가르침을 배우는 사람은 가르치는 사람과 모든 좋은 것을 나누어야 합니다.

갈라디아서 6:6

Anyone who receives instruction in the word must share all good things with his instructor.

Galatians 6:6

오늘의 할일

3/**6**

March

하나님의 일을 하기 위해서는 하나님이 그 일을 보여주실 때까지 기다려야 해요.

10월의 주제: 헌신 / 형통위

10/26

October

여호와여, 나는 주의 법도가 의롭다는 것을 알고 있습니다. 신실하심을 따라 내게 어려움 주신 것을 압니다.

시편 119:75

오늘의 할일

- ✓
- ✓
- ✓

우리가 하나님이 아닌 그 어떤 것에 의지하고 있다면 우리는 실패를 자처하고 있는 것입니다.

I know, O LORD, that your laws are righteous, and in faithfulness you have afflicted me.

Psalms 119:75

3월의 주제 : 말씀과 축복

나는 포도나무요, 너희는 가지다. 사람이 내 안에 있고 내가 그 안에 있으면, 그는 열매를 많이 맺는다. 그러나 나를 떠나서는 너희가 아무것도 할 수 없다. 요한복음 15:5

I am the vine; you are the branches. If a man remains in me and I in him, he will bear much fruit; apart from me you can do nothing. John 15:5

오늘의 할일

3/5

March

하나님의 일을 하기 위해서는 하나님께 순종해야 해요.

10월의 주제: 헌신 / 형원위

10/27

October

주의 법을 사랑하는 자들은 마음이 평안하여 아무도 그들을 넘어뜨릴 수 없습니다.

시편 119:165

오늘의 할일

- ✓
- ✓
- ✓

성공적인 방법이나 창조적인 프로그램이 하나님과의 관계를 대신할 수는 없어요.

Great peace have they who love your law, and nothing can make them stumble.

Psalms 119:165

3월의 주제 : 말씀과 축복

너희는 성경에서 영생을 얻을 수 있다고 생각하여 성경을 부지런히 연구하고 있는데, 바로 그 성경이 나를 증언하는 것이다. 요한복음 5:39

You diligently study the Scriptures because you think that by them you possess eternal life. These are the Scriptures that testify about me. John 5:39

오늘의 할일

3/ **4**

March

하나님은 그분의 일을 할 수 있는 사람을 선택하세요.

10월의 주제: 헌신 / 형읽기

눈물을 흘리며 씨를 뿌리는 사람은 기쁨의 노래를 부르며 추수할 것입니다.
시편 126:5

10/**28**

October

오늘의 할일

- ✓
- ✓
- ✓

하나님이외의다른것에집중하면우리는하나님의역사하시는모습을보는기쁨을잃어버릴것입니다.

Those who sow in tears will reap with songs of joy.
Psalms 126:5

3월의 주제: 말씀과 축복

태초에 말씀이 계셨습니다. 그 말씀은 하나님과 함께 계셨는데, 그 말씀은 곧 하나님이셨습니다.

요한복음 1:1

In the beginning was the Word, and the Word was with God, and the Word was God. John 1:1

오늘의 할일

3/3
March

하나님은 그분의 일을 하실 때 누군가에게 와서 말씀하시면서 시작하십니다.

10월의 주제 : 헌신 / 형통위

10/29

October

오늘의 할일

- ✓
- ✓
- ✓

우리는 무엇을 해야할지 결정할권한이 없어요.오직하나님만이 무엇을 하라고 말씀하실권리를 갖고계세요.

게으른 사람의 길은 가시밭이나, 정직한 사람의 길은 넓고 평탄한 길이다.

잠언 15:19

The way of the sluggard is blocked with thorns, but the path of the upright is a highway.

Proverbs 15:19

3월의 주제 : 말씀과 축복

시몬이 대답하였습니다. "선생님, 우리가 밤새도록 수고하였지만 아무것도 잡지 못했습니다. 그러나 선생님의 말씀대로 그물을 내리겠습니다."

누가복음 5:5

Simon answered, "Master, we've worked hard all night and haven't caught anything. But because you say so, I will let down the nets." Luke 5:5

오늘의 할일

3/**2**

March

사람의 관점이 아니라 하나님의 관점에서 보려고 노력하세요.

10월의 주제: 헌신 / 형읽기

10/30
October

내가 메마른 땅에 물을 붓고, 시내가 흐르게 하겠다. 너희의 자손에게 내 영을 부어 주고, 너희 집안에 내 복을 시냇물처럼 흐르게 하겠다.

이사야 44:3

오늘의 할일

- ✓
- ✓
- ✓

주님이 말씀하실 때까지 기다리는 동안 우리는 열정적으로 기도해야 해요.

For I will pour water on the thirsty land, and streams on the dry ground; I will pour out my Spirit on your offspring, and my blessing on your descendants. Isaiah 44:3

3월의 주제: 말씀과 축복

예수님께서 대답하셨습니다. "성경에 '사람이 빵으로만 살 것이 아니라, 하나님의 입에서 나오는 모든 말씀으로 살 것이다'라고 기록되어 있다."

마태복음 4:4

Jesus answered, "It is written: 'Man does not live on bread alone, but on every word that comes from the mouth of God.'"

Matthew 4:4

오늘의 할일

3/ **1**

March

우리의 계획이 아니라 하나님의 목적에 우리의 삶을 맞추어야 해요.

10월의 주제: 헌신 / 형식위

10/**31**
October

오늘의 할일

- ✓
- ✓
- ✓

주님의 뜻을 기다리면서 우리는 구하고, 찾고, 두드려야합니다.

내가 바라는 것은 제사가 아니라 진실한 사랑이며, 태워 드리는 제사인 번제가 아니라 하나님을 아는 지식이다.

호세아 6:6

For I desire mercy, not sacrifice, and acknowledgment of God rather than burnt offerings.

Hosea 6:6

2월의 주제 : 기도

너는 나에게 부르짖어라. 그러면 내가 네게 응답하겠고 네가 전에 알지 못하던 놀라운 일들과 비밀들을 일러 주겠다.
예레미야 33:3

2/29

February

✓
✓
✓

하나님과 친밀한 관계를 맺으면 우리에게 상상을 초월하는 일들이 이루어져요.

Call to me and I will answer you and tell you great and unsearchable things you do not know.
Jeremiah 33:3

11월의 주제: 봉사와 섬김

11/**1**

November

················
················
················

하나님이 우리를 인도해주시면 우리가 몇년을 노력해서 한 일보다 더 많은 일을 며칠 또는 몇 주 안에 할 수 있어요.

목자들은 돌아가면서 천사들이 일러준 대로 자기들이 듣고 보았으므로 하나님께 영광을 돌리고 찬양을 드렸습니다. 누가복음 2:20

The shepherds returned, glorifying and praising God for all the things they had heard and seen, which were just as they had been told. Luke 2:20

2월의 주제 : 기도

너희가 내 이름을 부르고 내게 와서 기도하면 내가 너희의 기도를 들어 주겠다.

예레미야 29:12

2/28

February

오늘의 할일

Then you will call upon me and come and pray to me, and I will listen to you.

Jeremiah 29:12

✓
✓
✓

평범한 우리도 하나님이 역사하시면 특별하게 됩니다.

11월의 주제 : 봉사와 섬김

11/2 November

오늘의 할일

하나님을 기쁘시게 하는 것이 하나님을 위해서 무엇을 하는 것보다 더 중요해요.

그들은 하나님을 찬양하였으며, 모든 사람에게서 칭찬을 받았습니다. 주님께서는 구원 받는 사람을 날마다 늘어나게 하셨습니다.

사도행전 2:47

praising God and enjoying the favor of all the people. And the Lord added to their number daily those who were being saved.   Acts 2:47

2월의 주제: 기도

너희는 찾을 만한 때에 여호와를 찾으라.
가까이 계실 때에 여호와를 불러라.

이사야 55:6

Seek the LORD while he may be found; call on him while he is near.

Isaiah 55:6

2/27

February

오늘의 할일

✓
✓
✓

하나님은 평범한 사람을 쓰시기를 좋아하세요. 그래야 모든 사람들이 하나님이 하신 일임을 믿게 되기 때문이죠.

11월의 주제 : 봉사와 섬김

오늘의 할일

11/**3**

November

아무리 오래 기다리더라도 하나님의 시간과 하나님의 길은 항상 최선이에요.

우리는 하나님께서 모든 일을 하나님을 사랑하는 사람, 즉 하나님의 목적을 위해 부름을 입은 사람들의 선을 위하여 하신다는 것을 알고 있습니다.

로마서 8:28

And we know that in all things God works for the good of those who love him, who have been called according to his purpose.

Romans 8:28

2월의 주제: 기도

다시 돌아가서 히스기야에게 전하여라. '네 조상 다윗의 하나님이신 여호와께서 이렇게 말씀하셨다. 내가 네 기도를 들었고, 네 눈물을 보았다. 그러므로 보아라. 내가 네 목숨을 십오 년 더 늘려 주겠다. 이사야 38:5

2/26

February

오늘의 할일

✓
✓
✓

평범한 사람일지라도 하나님께 헌신한다면 그 어떤 위대한 일도 할 수 있어요.

Go and tell Hezekiah, 'This is what the LORD, the God of your father David, says: I have heard your prayer and seen your tears; I will add fifteen years to your life. Isaiah 38:5

11월의 주제 : 봉사와 섬김

오늘의 할일

11/ **4**

November

성령님은 우리가 하나님의 뜻을 따르도록 도와주세요.

그리스도 안에서 항상 우리를 이끌어 승리의 행진을 하게 하시며, 어디서나 우리로 그분을 아는 지식의 향기를 풍기게 하시는 하나님께 감사드립니다.

고린도후서 2:14

But thanks be to God, who always leads us in triumphal procession in Christ and through us spreads everywhere the fragrance of the knowledge of him.   2 Corinthians 2:14

2월의 주제: 기도

곧 허황한 거짓말을 내게서 멀리하여 주시고, 가난도 부함도 허락하지 마시고, 오직 일용할 양식만 주소서.   잠언 30:8

2/25

February

오늘의 할일

Keep falsehood and lies far from me; give me neither poverty nor riches, but give me only my daily bread.

Proverbs 30:8

✓
✓
✓

성경이 쓰인 목적은 하나님 의 일하는 방법을 우리에게 알려주시기 위함이에요.

오늘의 할일

11/**5**

November

완벽한 순종의 삶을 사신 그리스도께서 우리도 순종할 수 있도록 우리 안에 함께 계세요.

우리 주 예수 그리스도의 아버지 되시는 하나님께 찬양을 드립니다. 하나님께서는 하늘에 있는 모든 영적인 복을 그리스도 안에서 우리에게 내려주셨습니다.

에베소서 1:3

Praise be to the God and Father of our Lord Jesus Christ, who has blessed us in the heavenly realms with every spiritual blessing in Christ.   Ephesians 1:3

2월의 주제: 기도

내가 고통 가운데 여호와께 부르짖었더니 그분께서 내게 대답하셨습니다. 시편 120:1

2/ **24**

February

오늘의 할일

✓
✓
✓

하나님은 그분의 일을 하시려고 할때 그 뜻을 하나님의 사람들에게 보여주십니다.

I call on the LORD in my distress, and he answers me.

Psalms 120:1

오늘의 할일

11/6

November

하나님은 우리가 그분의 뜻을 행하도록 우리에게 소원을 주세요.

기월의 주제 : 봉사와 헌금

또한 예수 그리스도께서 인정하시는 의의 열매로 하나님께 영광과 찬송을 올려 드릴 수 있기를 기도합니다.
빌립보서 1:11

Filled with the fruit of righteousness that comes through Jesus Christ-to the glory and praise of God.
Philippians 1:11

2월의 주제 : 기도

내가 고통 가운데 있을 때, 여호와께 울부짖었습니다. 그러자 여호와께서 대답하시고 나를 풀어 주셨습니다. 시편 118:5

2/23

February

In my anguish I cried to the LORD, and he answered by setting me free. Psalms 118:5

오늘의 할일

✓
✓
✓

기도는 하나님과 쌍방으로 통행하는 길이에요.

11월의 주제: 봉사와 섬김

오늘의 할일

11/7

November

성령님은 그분의 뜻에 따라 기도하도록 우리를 인도해 주세요.

그리스도 예수를 주님으로 믿었으니, 그분 안에서 계속 살아가십시오. 그분 안에 깊이 뿌리를 내리고, 그 위에 여러분의 삶을 계획하시길 바랍니다. 가르침을 받은 대로 믿음에 굳게 서서 늘 감사한 생활을 하십시오.

골로새서 2:6-7

So then, just as you received Christ Jesus as Lord, continue to live in him, rooted and built up in him, strengthened in the faith as you were taught, and overflowing with thankfulness.

Colossians 2:6-7

2월의 주제 : 기도

만일 내 마음속에 죄를 품고 있었다면, 주는 내 소리를 듣지 않으셨을 것입니다.

시편 66:18

2/22

February

If I had cherished sin in my heart, the Lord would not have listened;   Psalms 66:18

✓
✓
✓

주님이 무엇을 하고계시는 지 알아보세요. 그것이 바로 우리가 해야할 일이에요.

오늘의 성일

11/8

November

계속해서 믿음으로 기도하면서 그 기도하는 일이 어떻게 이루어지는지 살펴보세요.

이달의 주제: 봉사와 섬김

그리스도께 받은 평화로 여러분 마음을 다스리십시오. 여러분은 평화를 위해 부름을 받아 한 몸이 된 것입니다. 항상 감사하는 생활을 하십시오.

골로새서 3:15

Let the peace of Christ rule in your hearts, since as members of one body you were called to peace. And be thankful.   Colossians 3:15

2월의 주제 : 기도

오 하나님, 주는 나의 하나님이십니다. 내가 주를 간절하게 찾습니다. 물이라곤 찾아볼 수 없는 곳, 메마르고 거친 땅에서 내 영혼이 주를 목마르게 찾습니다. 온몸으로 주를 애타게 찾아 헤맵니다. 시편 63:1

2/21

February

O God, you are my God, earnestly I seek you; my soul thirsts for you, my body longs for you, in a dry and weary land where there is no water. Psalms 63:1

오늘의 할일

✓
✓
✓

주님이 어디 계신지 알아보세요. 그곳이 바로 우리가 있어야 할 곳이에요.

11월의 주제 : 봉사와 섬김

오늘의 할일

11/9

November

순종은 하나님이 우리를 통해서 일하시도록 그분을 전적으로 의지하는 것입니다.

여러분은 모든 말과 행동을 우리 주 예수님을 위해 하는 것처럼 해야 합니다. 하나님 아버지께 이 모든 것으로 말미암아 감사를 드리기 바랍니다.

골로새서 3:17

And whatever you do, whether in word or deed, do it all in the name of the Lord Jesus, giving thanks to God the Father through him. Colossians 3:17

2월의 주제 : 기도

오 하나님, 내 기도를 들어 주시고, 내 간절한 소원을 모른 체하지 마소서.   시편 55:1

2/20

February

오늘의 할일

Listen to my prayer, O God, do not ignore my plea;   Psalms 55:1

✓
✓
✓

우리 혼자서는 결코 하나님의 가치 있는 일을 할 수 없어요.

11월의 주제 : 봉사와 섬김

오늘의 활일

11/**10**

November

어떻게 일하느냐 하는 방법에는 능력이 없습니다. 다만 하나님만이 그 일을 이루십니다.

모든 일에 감사하십시오. 이것이 그리스도 예수 안에서 여러분을 향한 하나님의 뜻입니다.

데살로니가전서 5:18

Give thanks in all circumstances, for this is God's will for you in Christ Jesus.

1 Thessalonians 5:18

2월의 주제 : 기도

목마른 사슴이 시냇물을 찾아 헤매이듯이 오 하나님이시여, 내 영혼이 주를 찾아 헤매입니다.　　시편 42:1

2/19

February

오늘의 할일

As the deer pants for streams of water, so my soul pants for you, O God.
Psalms 42:1

✓
✓
✓

진흙인 우리는 토기장이인 하나님이 그의 선한 생각대로 그릇을 만들도록 허락해야 합니다.

오늘의 할일

11/**11**

November

우리가 하고싶은 일과 하나님이 하시고자 하는 일을 동시에 할 수는 없어요. 다만 하나님이 하시고자 하는 일에 우리를 조정해야 해요.

이달의 주제 : 봉사와 섬김

그러므로 예수님을 통하여 항상 하나님께 찬양의 제사를 드립시다. 이는 그분의 이름을 증언하는 우리 입술의 열매입니다. 히브리서 13:15

Through Jesus, therefore, let us continually offer to God a sacrifice of praise- the fruit of lips that confess his name. Hebrews 13:15

2월의 주제 : 기도

여호와여, 아침마다 주께서 내 소리를 들으시니, 매일 아침 나의 소원들을 주께 아뢰고 주님의 응답을 조용히 기다립니다. 　　　시편 5:3

2/18

February

In the morning, O LORD, you hear my voice; in the morning I lay my requests before you and wait in expectation. 　Psalms 5:3

오늘의 할일

✓
✓
✓

진흙인 우리는 토기장이인 하나님에 의해 항상 새롭게 빚어져야 합니다.

11월의 주제: 봉사와 섬김

오늘의 할일

11/**12**

November

하나님은 하나님의 자녀들이 서로 사랑하기를 원하세요.

천사들은 큰 소리로 외쳤습니다. "죽임을 당하신 어린양은 능력과 부귀와 지혜와 힘, 존귀와 영광과 찬양을 받으실 분이십니다!"   요한계시록 5:12

In a loud voice they sang: "Worthy is the Lamb, who was slain, to receive power and wealth and wisdom and strength and honor and glory and praise!"   Revelation 5:12

2월의 주제: 기도

여호와께서는 온 땅에서 온전히 여호와께 몸을 맡기는 사람을 찾고 계십니다. 여호와께서는 그런 사람들을 강하게 해 주기를 원하십니다.

역대하 16:9 상

For the eyes of the LORD range throughout the earth to strengthen those whose hearts are fully committed to him.

2 Chronicles 16:9a

2/17

February

오늘의 할일

✓
✓
✓

하나님을 알기 위해서는 그분과 개인적인 관계가 있어야 합니다.

11/ **13**

November

우리를 통해 역사하시는 하나님을 경험하려면 하나님께 순종해야해요.

이렇게 말했습니다. "내 어머니 태에서 벌거벗은 채로 나왔으니, 벌거벗은 채로 그 곳으로 돌아갈 것입니다. 주신 분도 여호와시요, 가져가신 분도 여호와시니 여호와의 이름이 찬양을 받으시기 바랍니다."

욥기 1:21

and said: "Naked I came from my mother's womb, and naked I will depart. The LORD gave and the LORD has taken away; may the name of the LORD be praised."

Job 1:21

2월의 주제 : 기도

내 이름으로 일컫는 내 백성이 자기들이 한 일을 뉘우치고, 나에게 기도하고, 내 말을 따르며, 악한 길에서 돌이키면, 내가 하늘에서 그들의 기도를 듣고, 그들의 죄를 용서해 주며, 그들의 땅을 고쳐 줄 것이다. 역대하 7:14

2/16

February

오늘의 할일

✓
✓
✓

하나님께서 다른 사람의 필요를 채워주시기 위해 우리를 사용하신다는 것에 감사하세요.

If my people, who are called by my name, will humble themselves and pray and seek my face and turn from their wicked ways, then will I hear from heaven and will forgive their sin and will heal their land.

2 Chronicles 7:14

11/14

November

― ― ― ― ― ― ― ―
― ― ― ― ― ― ― ―
― ― ― ― ― ― ― ―

예수님은 교회의 머리이시고 교회를 인도하시고 또한 교회를 통해서 그분의 뜻을 성취하십니다.

나의 바위요, 나의 구원자이신 여호와여! 내 입의 말과 내 마음의 생각이 주님께서 보시기에 흡족하기를 소원합니다. 시편 19:14

May the words of my mouth and the meditation of my heart be pleasing in your sight, O LORD, my Rock and my Redeemer.

Psalms 19:14

2월의 주제: 기도

야베스가 이스라엘의 하나님께 기도드렸습니다. "나에게 복을 주십시오. 나에게 땅을 더 많이 주십시오. 나와 함께 계셔 주시고, 아무도 나를 해치지 못하게 해 주십시오. 내가 누구한테도 고통을 당하지 않게 해 주십시오." 하나님께서는 야베스의 기도를 들어 주셨습니다.   역대상 4:10

2/15

February

오늘의 할일

Jabez cried out to the God of Israel, "Oh, that you would bless me and enlarge my territory! Let your hand be with me, and keep me from harm so that I will be free from pain." And God granted his request.   1 Chronicles 4:10

✓
✓
✓

하나님께 기도할 때 하나님이 필요를 채워 주신다는 것을 경험할 수 있어요.

오늘의 할일

11/15

November

순종은 하나님을 향한 우리의 사랑을 표현하는 것입니다.

이달의 주제 : 순종와 침묵

수금을 울리며 여호와께 찬양하십시오.
열 줄 비파로 주님을 위해 찬양하십시오.

시편 33:2

Praise the LORD with the harp; make music to him on the ten-stringed lyre.   Psalms 33:2

2월의 주제 : 기도

나도 여러분을 위해 기도하는 일을 멈추지 않겠소. 만약 내가 기도를 멈춘다면, 그것은 여호와께 죄를 짓는 일이 되오. 나는 여러분에게 무엇이 좋고 옳은 것인가를 가르치겠소. 사무엘상 12:23

2/14

February

오늘의 할일

✓
✓
✓

하나님은 우리의 필요를 채워주시기 위해 우리 주위의 누군가를 사용하세요.

As for me, far be it from me that I should sin against the LORD by failing to pray for you. And I will teach you the way that is good and right. 1 Samuel 12:23

11/16
November

순종하지 않으면 결코 하나님의 능력을 경험할 수 없어요.

내 혀로 주님의 의로우심을 찬양하며, 온종일 주님을 찬송할 것입니다.
시편 35:28

My tongue will speak of your righteousness and of your praises all day long.

Psalms 35:28

2월의 주제: 기도

향의 연기가 천사의 손에서 하나님께로 올라갔습니다. 이 향과 함께 성도들의 기도도 하나님 앞으로 올라갔습니다.   요한계시록 8:4

2/ **13**

February

오늘의 할일

The smoke of the incense, together with the prayers of the saints, went up before God from the angel's hand.

Revelation 8:4

✓
✓
✓

하나님께 기도할 때 하나님은 우리의 필요를 채워주세요.

11월의 주제: 봉사와 섬김

오늘의 할일

11/**17**

November

하나님을 믿고 의지하지 않는다면 우리는 하나님께 순종할 수 없어요.

오 내 영혼아, 너는 어찌하여 그렇게 슬퍼하는가? 왜 그렇게 속상해하는가? 너는 하나님께 소망을 두어라. 내가 나의 구원자시며 나의 하나님이신 그분을 찬양할 것이다. 시편 43:5

Why are you downcast, O my soul? Why so disturbed within me? Put your hope in God, for I will yet praise him, my Savior and my God.   Psalms 43:5

2월의 주제: 기도

우리는 아무런 의심 없이 하나님께 나아올 수 있습니다. 이것은 우리가 하나님께 무엇인가를 구할 때, 그리고 이것이 우리를 향한 하나님의 뜻에 맞을 때, 하나님께서 우리가 구하는 것에 깊은 관심을 가져 주신다는 것을 뜻합니다.
요한일서 5:14

2/12

February

오늘의 할일

This is the confidence we have in approaching God: that if we ask anything according to his will, he hears us. 1 John 5:14

- ✓
- ✓
- ✓

날마다 하나님의 인도함을 받고 싶다면 언제나 하나님과 가까이 있어야해요.

11월의 주제 : 봉사와 섬김

11/18 November

그리고 어려울 때에 내게 부르짖어라. 내가 너를 건지겠고, 그러면 네가 나를 높일 것이다.

시편 50:15

And call upon me in the day of trouble; I will deliver you, and you will honor me. Psalms 50:15

하나님을 사랑하지 않는다면 우리는 그분을 믿고 신뢰할 수 없어요.

2월의 주제: 기도

모든 걱정과 근심을 하나님께 맡기십시오.
하나님께서 여러분을 돌보시고 계십니다.

베드로전서 5:7

2/11

February

오늘의 할일

Cast all your anxiety on him because he cares for you.

1 Peter 5:7

✓
✓
✓

하나님께 기도할 때 하나님이 도와주신다는 것을 믿어야 해요.

11월의 주제 : 홍삼와 섬김

11/19 November

하나님은 세상에서 구원의 역사를 지속시키기 위하여 교회를 그리스도의 몸으로 세우셨습니다.

오 하나님, 모든 민족들이 주께 찬양드리기를 바랍니다. 모든 백성들이 주를 찬송하기를 바랍니다.

시편 67:3

May the peoples praise you, O God; may all the peoples praise you.

Psalms 67:3

2월의 주제 : 기도

믿음을 가지고 하는 기도는 병든 사람을 낫게 할 것입니다. 주님께서 그를 치료해 주실 것입니다. 만일 그가 죄를 지었더라도, 그를 용서해 주실 것입니다.

야고보서 5:15

2/10

February

오늘의 할일

And the prayer offered in faith will make the sick person well; the Lord will raise him up. If he has sinned, he will be forgiven.

James 5:15

✓
✓
✓

내가 약하고 평범하다고 느껴진다면 나야말로 하나님이 쓰시기에 좋은 사람이에요.

11월의 주제: 봉사와 섬김

오늘의 할일

11/**20**

November

하나님을 알지 못한다면 우리는 그분을 사랑할 수 없어요.

내가 노래로 하나님의 이름을 찬양하겠습니다. 감사를 드리며 하나님을 높여 드리겠습니다. 그것이 수소 제물을 바치는 것보다 여호와를 더욱 기쁘시게 하는 일이며 뿔과 굽이 있는 황소를 바치는 것보다 여호와를 더욱 흐뭇하게 해드리는 일일 것입니다.

시편 69: 30 - 31

I will praise God's name in song and glorify him with thanksgiving. This will please the LORD more than an ox, more than a bull with its horns and hoofs.   Psalms 69:30-31

2월의 주제: 기도

그리고 구해도 받지 못하는 것은 구하는 동기가 잘못되었기 때문입니다. 여러분은 오직 자신의 유익만을 위하여 쓰려고 구하고 있습니다.

야고보서 4:3

When you ask, you do not receive, because you ask with wrong motives, that you may spend what you get on your pleasures. James 4:3

2/9

February

오늘의 할일

✓
✓
✓

하나님의 뜻을 이루기 위해서 우리는 변화되어야 해요.

오늘의 할일

11/**21**

November

하나님이 명령하실 때 찰하거나 토론해서는 안 됩니다. 다만 순종해야 합니다.

이달의 주제: 봉사와 섬김

온 땅이여,
여호와께 즐겁게 외치십시오.

시편 100:1

Shout for joy to the LORD, all the earth.

Psalms 100:1

2월의 주제 : 기도

지혜가 부족한 사람이 있으면 하나님께 구하십시오. 하나님께서는 자비로우셔서 모든 사람에게 나눠 주시는 것을 즐거워하십니다. 따라서 여러분이 필요로 하는 지혜를 주실 것입니다. 야고보서 1:5

2/8

February

오늘의 할일

If any of you lacks wisdom, he should ask God, who gives generously to all without finding fault, and it will be given to him. James 1:5

✓
✓
✓

나는 큰일을 할 수 없는 평범한 사람이라고 생각하세요? 하나님은 평범한 사람을 사용하는 것을 좋아하세요.

이달의 주제 : 순종과 섬김

오늘의 할일

11/**22**

November

하나님은 순종하는 자들에게 상상을 초월하는 복을 주세요.

감사의 노래를 부르면서 그분의 성문으로 들어가십시오. 찬양을 드리면서 그분의 뜰 안으로 들어가십시오. 그분에게 감사하고 그분의 이름을 찬양하십시오. 시편 100:4

Enter his gates with thanksgiving and his courts with praise; give thanks to him and praise his name.   Psalms 100:4

2월의 주제: 기도

걱정하지 말고 필요한 것을 하나님께 구하고 아뢰십시오. 감사하는 마음으로 하나님께 말씀드리십시오.
　　　　　　　　　　　　　　　　빌립보서 4:6

2/7

February

오늘의 할일

Do not be anxious about anything, but in everything, by prayer and petition, with thanksgiving, present your requests to God.
　　　　　　　　　Philippians 4:6

✓
✓
✓

하나님, 우리의 기도를 들어주셔서 감사해요.

오늘의 주제 : 충성과 섬김

오늘의 할일

11/**23**

November

하나님께 순종하면 우리는 그분이 주시는 모든 기쁨을 누리게됩니다.

내 영혼아, 여호와를 찬양하여라. 마음을 다해 그분의 거룩한 이름을 찬송하여라.

시편 103:1

Praise the LORD, O my soul; all my inmost being, praise his holy name.   Psalms 103:1

2월의 주제 : 기도

이처럼 성령께서는 우리의 약함을 도와주십니다. 우리는 무엇을 기도해야 하는지도 모르지만, 성령께서는 말로 다 표현할 수 없는 간절함으로 우리를 위해 중보기도를 하십니다. 로마서 8:26

In the same way, the Spirit helps us in our weakness. We do not know what we ought to pray for, but the Spirit himself intercedes for us with groans that words cannot express. Romans 8:26

2/6

February

오늘의 할일

✓
✓
✓

하나님은 오늘도 우리에게 여전히 말씀하십니다.

11월의 주제: 봉사와 섬김

11/24 November

내 영혼아, 여호와를 찬양하여라. 여호와 나의 하나님, 주는 참으로 위대하십니다. 찬란한 위엄의 옷을 입으셨습니다. 시편 104:1

우리가 하나님의 뜻이라고 이미 알고 있는 것부터 순종하기 시작하세요.

Praise the LORD, O my soul. O LORD my God, you are very great; you are clothed with splendor and majesty. Psalms 104:1

2월의 주제 : 기도

너희가 내 안에 있고 내 말이 너희 안에 있으면, 무엇이든지 원하는 대로 구하여라. 그리하면 너희에게 이루어질 것이다.   요한복음 15:7

If you remain in me and my words remain in you, ask whatever you wish, and it will be given you.

John 15:7

2/5

February

오늘의 할일

✓
✓
✓

하나님의 일을 하고 싶으세요? 변화되지 않은 이 대로의 모습으로는 할 수 없어요.

11월의 주제 : 봉사와 섬김

오늘의 할일

11/**25**

November

하나님의 계명은 지키고 싶은 것은 지키고 그렇지 않은 것은 잊어버려도 되는 것이 아니에요.

내가 평생토록 여호와를 찬송하며, 사는 동안 나의 하나님을 찬양할 것입니다.   시편 104:33

I will sing to the LORD all my life; I will sing praise to my God as long as I live.

Psalms 104:33

2월의 주제: 기도

너희가 내 이름으로 무엇이든지 내게 구하면, 내가 다 이루어 주겠다.   요한복음 14:14

You may ask me for anything in my name, and I will do it.

John 14:14

2/**4**

February

오늘의 할일

✓
✓
✓

하나님께서 우리를 통해 그분의 일을 하실 수 있도록 우리 자신을 하나님의 뜻에 맞춰야해요.

11월의 주제: 봉사와 섬김

오늘의 할일

11/**26**

November

하나님은 작은 일에 충성하는 우리에게 더 큰 일을 맡기세요.

오 하나님, 나의 마음은 흔들리지 않습니다. 내가 마음을 다해 노래하며 찬양합니다. 비파야, 수금아, 일어나라! 내가 새벽을 깨울 것이다.

시편 108:1-2

My heart is steadfast, O God; I will sing and make music with all my soul. Awake, harp and lyre! I will awaken the dawn. Psalms 108:1-2

2월의 주제 : 기도

다시 너희에게 진정으로 말한다. 너희 가운데 두 사람이 이 세상에서 마음을 같이하여 무엇을 구하면, 하늘에 계신 내 아버지께서 이루어 주실 것이다.

마태복음 18:19

I tell you the truth, whatever you bind on earth will bebound in heaven, and whatever you loose on earth will be loosed in heaven.

Mattew 18:19

2/3

February

오늘의 할일

✓
✓
✓

주님께 순종할 때 하나님은 우리를 통해 일하시고 우리는 하나님을 경험하게 됩니다.

11월의 주제 : 봉사와 섬김

11/**27**

November

이미 알고 있는 하나님의 계명을 잘 지키면 그 다음에 우리에게 더 큰 일을 맡기세요.

왕이신 나의 하나님, 내가 주를 높입니다. 내가 주의 이름을 영원히 찬송할 것입니다.

시편 145:1

I will exalt you, my God the King; I will praise your name for ever and ever.

Psalms 145:1

2월의 주제 : 기도

비록 너희가 나쁜 사람이라 할지라도, 자녀에게 좋은 것을 주려고 하는데, 하물며 하늘에 계신 너희 아버지께서 구하는 사람에게 좋은 것을 주시지 않겠느냐?" 마태복음 7:11

2/2

February

오늘의 할일

If you, then, though you are evil, know how to give good gifts to your children, how much more will your Father in heaven give good gifts to those who ask him!

Mattew 7:11

✓
✓
✓

우주의 창조주이신 하나님과 친밀한 교제를 나누세요.

11월의 주제: 봉사와 섬김

11/28 November

오늘의 활일

우리가 불순종했을 때 하나님은 종종 두번째 기회를 주십니다.

숨을 쉬는 모든 것들이여, 여호와를 찬양하십시오. 여호와를 찬양하십시오!

시편 150:6

Let everything that has breath praise the LORD Praise the LORD.

Psalms 150:6

2월의 주제: 기도

구하라, 그러면 너희에게 주실 것이다. 찾아라, 그러면 발견할 것이다. 두드려라, 그러면 문이 너희에게 열릴 것이다.   마태복음 7:7

2/1

February

오늘의 할일

Ask and it will be given to you; seek and you will find; knock and the door will be opened to you.

Matthew 7:7

✓
✓
✓

하나님의 도움이 없이 우리는 아무것도 할 수 없어요.

오늘의 할일

11/**29**

November

_____
_____
_____

하나님은 우리를 절대 포기하지 않으세요.

여호와께 영광을 돌려라. 바다 건너 먼 땅에서도 주를 찬양하게 하여라.

이사야 42:12

Jesus answered, "It is written: 'Man does not live on bread alone, but on every word that comes from the mouth of God.'"   Matthew 4:4

1월의 주제 : 꿈과 비전

사랑하는 친구여, 그대의 영혼이 건강한 것처럼 몸도 건강하고, 하고자 하는 모든 일이 다 잘되기를 기도합니다.　　　　　요한3서:2

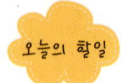

오늘의 할일

1/**31**

January

무조건 열심히 하는 것은 소용없어요. 하나님과의 사랑의 관계가 가장 중요해요.

Dear friend, I pray that you may enjoy good health and that all may go well with you, even as your soul is getting along well.　　3 John:2

오늘의 할일

11/30

November

하나님은 하나님의 백성들이 하나됨을 보여주기를 원하세요.

11월의 주제: 찬양과 감사

무화과나무에 무화과가 없고, 포도나무에 포도가 없고, 올리브 나무에 거둘 것이 없고, 밭에 거둘 곡식이 없으며, 우리에 양이 없고 외양간에 소가 없더라도 나는 여호와 때문에 기뻐하겠습니다. 나를 구원하시는 하나님을 즐거워하겠습니다. 하박국 3:17-18

Though the fig tree does not bud and there are no grapes on the vines, though the olive crop fails and the fields produce no food, though there are no sheep in the pen and no cattle in the stalls, yet I will rejoice in the LORD, I will be joyful in God my Savior.

Habakkuk 3:17-18

1월의 주제: 꿈과 비전

믿음이 없이는 어느 누구도 하나님을 기쁘시게 할수 없습니다. 하나님께 나아오는 자는 그가 계시다는 것과 그를 찾는 자들에게 상주시는 분이라는 것을 진정으로 믿어야 합니다.

히브리서 11:6

And without faith it is impossible to please God, because anyone who comes to him must believe that he exists and that he rewards those who earnestly seek him.

Hebrews 11:6

오늘의 할일

1/30

January

하나님!
우리는 약하지만 주님을 기쁘시게 할수 있도록 큰 믿음을 주세요.

12월의 주제 : 영적 성숙

무거운 짐을 지고 지친 사람은 모두 나에게 오너라. 내가 너희를 쉬게 할 것이다. 마태복음 11:28

12/**1**

December

오늘의 할일

- ✓
- ✓
- ✓
- ✓

요나는 불순종해서 목숨을 잃을 뻔했죠. 불순종은 값 비싼 대가를 치르게됩니다.

Come to me, all you who are weary and burdened, and I will give you rest.

Matthew 11:28

1월의 주제: 꿈과 비전

그러나 여러분은 하나님께서 선택하신 민족이며 왕의 제사장입니다. 또 거룩한 나라이며, 하나님께서 홀로 다스리는 나라의 백성입니다.

베드로전서 2:9 상

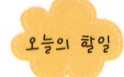

오늘의 할일

1/29

January

But you are a chosen people, a royal priesthood, a holy nation, a people belonging to God.

1 Peter 2:9a

하나님!
주님의 백성으로 부끄럽지 않고 모범이 되는 삶을 살도록 도와주세요.

12월의 주제 : 영적 성숙

내가 여호와를 기다리고 또 기다렸습니다. 주님께서 나를 돌아보시고, 나의 부르짖음을 들으셨습니다.

시편 40:1

12/2

December

오늘의 할일

- ✓
- ✓
- ✓

우리가불순종할때하나님께서 두번째기회를주신다 할지라도우리는불순종을 가벼이여겨서는안돼요.

I waited patiently for the LORD; he turned to me and heard my cry.

Psalms 40:1

1월의 주제: 꿈과 비전

여러분은 그리스도와 함께 다시 살아났습니다. 그러므로 하늘에 있는 것에 마음을 두십시오. 그곳에는 그리스도께서 하나님 우편에 앉아 계십니다. 하늘에 속한 것을 생각하고, 땅의 것에 마음을 두지 마십시오. 　　　　　　　　골로새서 3:1-2

오늘의 할일

1/28

January

Since, then, you have been raised with Christ, set your hearts on things above, where Christ is seated at the right hand of God. Set your minds on things above, not on earthly things. Colossians 3:1-2

하나님! 구원받은 자녀답게 예수님을 사랑하게 도와주세요.

12월의 주제: 영적 성숙

너희가 열매를 많이 맺어 내 제자인 것을 나타내면 이것으로 내 아버지께서는 영광을 받으신다.

요한복음 15:8

12/3

December

오늘의 할일

- ✓
- ✓
- ✓

교회가 갖고있는 모든 것은 하나님 나라에 속한 것이에 요 우리는 다만 그 것들을 사용 하는 청지기에 불과합니다.

This is to my Father's glory, that you bear much fruit, showing yourselves to be my disciples.   John 15:8

1월의 주제 : 꿈과 비전

하나님께서는 여러분 안에서 하나님이 기뻐하시는 일을 할 수 있도록 돕고 계십니다. 또한 하나님은 할 수 있는 힘과 능력을 여러분에게 공급해 주실 것입니다.
빌립보서 2:13

For it is God who works in you to will and to act according to his good purpose. Philippians 2:13

오늘의 할일

1/27

January

하나님께 주님의 말씀을 실천할 수 있게 도와달라고 기도하세요.

12월의 주제 : 영적 성숙

12/**4**

하나님께서는 미리 정하신 사람들을 부르셨고, 부르신 사람들을 의롭다고 하셨고, 의롭다고 하신 사람들을 영화롭게 하셨습니다. 로마서 8:30

December

오늘의 할일

- ✓
- ✓
- ✓

우리가 불순종할때 하나님은 얼마 동안 그대로 두시지만 우리를 돌아오게 하기 위해 징계하심으로 결코 멀리 가지 못하게 하세요.

And those he predestined, he also called; those he called, he also justified; those he justified, he also glorified.

Romans 8:30

1월의 주제 : 꿈과 비전

그러므로 누구든지 그리스도 안에 있으면 새로운 창조입니다. 이전 것들은 지나갔고, 보십시오, 새 것들이 와있습니다. 고린도후서 5:17

Therefore, if anyone is in Christ, he is a new creation; the old has gone, the new has come!   2 Corinthians 5:17

 오늘의 할일

1/26

January

주님을 믿는 자녀가 되었으면 예수님이 빚으시는 새로운 모습이 되어야 해요.

12월의 주제: 영적 성숙

12/5 December

오늘의 할일

- ✓
- ✓
- ✓

친구 사이에 벽이 생겼을 때 예수님께서 다스리도록 내어드리면 그 벽은 허물어집니다.

다른 사람을 사랑하는 빚 이외에는 아무 사람에게, 아무런 빚도 지지 마십시오. 남을 사랑하는 사람은 율법을 온전히 이룬 것이나 다름없습니다.

로마서 13: 8

Let no debt remain outstanding, except the continuing debt to love one another, for he who loves his fellowman has fulfilled the law.

Romans 13:8

1월의 주제 : 꿈과 비전

이 점에 대해 우리가 무엇이라고 말할 수 있겠습니까? 하나님께서 우리 편이시라면 누가 우리를 대적하겠습니까? 로마서 8:31

What, then, shall we say in response to this? If God is for us, who can be against us?
Romans 8:31

오늘의 할일

1/25

January

―――――――――
―――――――――
―――――――――

하나님만 따라가면 항상 이길 수 있어요.

12월의 주제 : 영적 성숙

12/6
December

오늘의 할일

✓
✓
✓

하나님은 우리가 사랑할 수 없다고 여기는 사람들을 사랑할 수 있도록 우리의 사랑의 역량을 깊게 만들어 주세요.

스스로 속이지 마십시오. 하나님을 속일 수는 없습니다. 사람은 자기가 심은 대로 거둘 것입니다.

갈라디아서 6:7

Do not be deceived:
God cannot be mocked.
A man reaps what he
sows.   Galatians 6:7

1월의 주제 : 꿈과 비전

이와 같이 너희 빛을 사람들에게 비춰라. 그래서 사람들이 너희의 선한 행동을 보고 하늘에 계신 너희 아버지께 영광을 돌리게 하여라.

마태복음 5:16

In the same way, let your light shine before men, that they may see your good deeds and praise your Father in heaven.

Matthew 5:16

 오늘의 할일

1/24

January

하나님은 그분의 일을 이루시기 위해서 우리를 사용하세요.

12월의 주제 : 영적 성숙

12/**7**

December

오늘의 할일

- ✓
- ✓
- ✓

하나님은 우리를 교정하고 그분의 길을 가르치면서 불순종의 상황까지도 선으로 바꾸세요.

그러나 하나님께서는 지혜로운 것들을 부끄럽게 하시려고 세상의 미련한 것들을 선택하셨고, 강한 것들을 부끄럽게 하시려고 세상의 약한 것들을 선택하셨습니다. 고린도전서 1:27

But God chose the foolish things of the world to shame the wise; God chose the weak things of the world to shame the strong. 1 Corinthians 1:27

1월의 주제 : 꿈과 비전

사랑하는 자녀들이여, 여러분은 하나님께 속하였으니, 이미 그들을 이겼습니다. 왜냐하면 여러분 안에 계신 분이 세상에 있는 어떤 자보다 위대한 분이시기 때문입니다. 요한일서 4:4

오늘의 활동

1/23

January

You, dear children, are from God and have overcome them, because the one who is in you is greater than the one who is in the world. 1 John 4:4

우리가 하나님이 원하시는 곳에 있지 않으면 결코 이길 수 없습니다.

12월의 주제: 영적 성숙

12/8

December

오늘의 할일

✓
✓
✓

우리가 우리 자신이 할수 있는 일만 한다면 사람들은 하나님을 알게 되지 못할 것입니다.

경기를 하려는 사람은 모든 면에서 자기 절제를 하는 법입니다. 그들은 썩어 없어질 면류관을 얻으려고 절제를 하지만, 우리는 썩지 않을 면류관을 얻으려고 그렇게 합니다.   고린도전서 9:25

Everyone who competes in the games goes into strict training. They do it to get a crown that will not last; but we do it to get a crown that will last forever.   1 Corinthians 9:25

1월의 주제 : 꿈과 비전

하늘이 땅보다 높음같이, 내 길은 너희 길보다 높으며, 내 생각은 너희 생각보다 높다. 이사야 55:9

As the heavens are higher than the earth, so are my ways higher than your ways and my thoughts than your thoughts. Isaiah 55:9

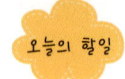
오늘의 할일

1/22
January

하나님!
주님께서 모든것을 자세히
알려주지 않아도 하나님만
따라가겠어요.

12월의 주제 : 영적 성숙

우리는 구원 받은 사람들에게나 멸망당하는 사람들에게나 하나님 앞에서 그리스도의 향기입니다.

고린도후서 2:15

12/9

December

오늘의 할일

- ✓
- ✓
- ✓

하나님은 오직 그분만이 하실 수 있는 일을 우리를 통해 하시므로 사람들이 하나님을 알게 하세요.

For we are to God the aroma of Christ among those who are being saved and those who are perishing.

2 Corinthians 2:15

이달의 주제 : 꿈과 비전

이제 여호와께서 이렇게 말씀하셨다. "야곱 백성아, 내가 너희를 창조하였다. 이스라엘 백성아, 내가 너희를 만들었다. 내가 너희를 구원하였으니 두려워하지 마라. 내가 너희 이름을 불렀으니 너희는 내 것이다.

이사야 43:1

But now, this is what the LORD says-he who created you, "O Jacob, he who formed you, O Israel: 'Fear not, for I have redeemed you; I have summoned you by name; you are mine." Isaiah 43:1

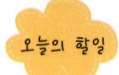

오늘의 활일

1/21

January

하나님!
주님의 자녀로 불러주셔서
감사합니다.

12월의 주제 : 영적 성숙

12/**10**

December

오늘의 할일

- ✓
- ✓
- ✓

그리스도인은 그리스도의 몸인 교회를 떠나서는 하나님의 은혜를 다 경험할 수 없어요.

하나님의 뜻에 맞는 슬픔은 회개하여 구원에 이르게 하므로 후회할 것이 없습니다. 하지만 세상의 슬픔은 죽음에 이르게 합니다. 　고린도후서 7:10

Godly sorrow brings repentance that leads to salvation and leaves no regret, but worldly sorrow brings death.
2 Corinthians 7:10

1월의 주제: 꿈과 비전

내가 너희와 함께 있으니 걱정하지 마라. 내가 너희의 하나님이니 두려워하지 마라. 내가 너희를 강하게 하고 너희를 돕겠다. 내 승리의 오른팔로 너희를 붙들겠다. 이사야 41:10

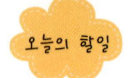

오늘의 할일

1/20

January

So do not fear, for I am with you; do not be dismayed, for I am your God. I will strengthen you and help you; I will uphold you with my righteous right hand.

Isaiah 41:10

하나님은 우리를 강하게 하고 승리하도록 도와주세요.

12월의 주제: 영적 성숙

12/11

December

오늘의 할일

- ✓
- ✓
- ✓

노아가 순종했을때 하나님은 그의 가족을 보호해주시고 다시 번성하게 해주셨어요.

이렇게 할 때에, 우리 모두는 하나님의 아들을 믿고 아는 일에 하나가 되어, 그리스도를 닮은 온전한 사람으로서 성숙한 그리스도인이 될 것입니다.

에베소서 4:13

Until we all reach unity in the faith and in the knowledge of the Son of God and become mature, attaining to the whole measure of the fullness of Christ. Ephesians 4:13

1월의 주제: 꿈과 비전

여호와를 의지하는 사람은 새 힘을 얻으며, 독수리가 하늘 높이 솟아오르듯 올라갈 수 있다. 그러한 사람은 뛰어도 지치지 않으며, 걸어도 피곤하지 않을 것이다.

이사야 40:31

오늘의 할일

1/19

January

but those who hope in the LORD will renew their strength. They will soar on wings like eagles; they will run and not grow weary, they will walk and not be faint.   Isaiah 40:31

걸음을 옮길 때마다 예수님이 우리를 인도해 주세요.

12월의 주제 : 영적 성숙

12/12

December

오늘의 향일

- ✓
- ✓
- ✓

아브라함이 순종했을때 하나님은 그에게 아들을 주시고 한 나라를 세우셨어요.

말을 하려거든 남의 험담을 하지 말고, 다른 사람을 칭찬하는 유익한 말을 하십시오. 여러분의 말을 듣는 사람들이 도움을 받을 것입니다.

에베소서 4:29

Do not let any unwholesome talk come out of your mouths, but only what is helpful for building others up according to their needs, that it may benefit those who listen. Ephesians 4:29

1월의 주제 : 꿈과 비전

네 마음을 다하여 여호와를 신뢰하고, 절대로 네 슬기를 의지하지 마라. 잠언 16:3

Trust in the LORD with all your heart and lean not on your own understanding;
Proverbs 3:5

오늘의 할일

1/18

January

하나님께서 "따라오라"고 부르실 때 그냥 따라가세요.

12월의 주제: 영적 성숙

12/**13**
December

하나님께서 그리스도 예수 안에서 여러분이 필요로 하는 모든 것을 풍족히 채워 주실 것입니다.

빌립보서 4:19

오늘의 할일

- ✓
- ✓
- ✓

다윗이 순종했을 때 하나님은 그를 왕으로 세우셨어요.

And my God will meet all your needs according to his glorious riches in Christ Jesus. Philippians 4:19

1월의 주제 : 꿈과 비전

야곱의 하나님을 자기의 도움으로 삼는 자는 복 있는 사람입니다. 여호와 자기 하나님께 소망을 두는 자는 복 있는 사람입니다.   시편 146:5

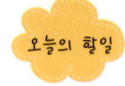
오늘의 할일

1/17

January

Blessed is he whose help is the God of Jacob, whose hope is in the LORD his God.   Psalms 146:5

성경이 말씀하는대로 순종할때 하나님은 놀라운 일들을 행하세요.

12월의 주제 : 영적 성숙

12/ 14

December

오늘의 할일

- ✓
- ✓
- ✓

그리스도 안에서 형제나 자매와의 관계가 깨어지는 것은 하나님과의 교제도 깨어졌음을 보여줍니다.

서로 돌아보고 사랑을 베풀며 선한 행동을 하도록 격려합시다. 어떤 사람들이 하는 것처럼 교회의 모임에 빠져서는 안 됩니다. 그 날이 가까이 다가오는 것을 볼수록 함께 만나며 서로를 격려해야 할 것입니다. 히브리서 10:24-25

And let us consider how we may spur one another on toward love and good deeds. Let us not give up meeting together, as some are in the habit of doing, but let us encourage one another-and all the more as you see the Day approaching. Hebrews 10:24-25

1월의 주제 : 믿음과 비전

여호와께서 집을 짓지 않으시면, 집 짓는 자들의 수고가 헛됩니다. 여호와께서 성을 지키지 않으시면, 경비병들의 보초가 헛됩니다.

시편 127:1

Unless the LORD builds the house, its builders labor in vain. Unless the LORD watches over the city, the watchmen stand guard in vain. Psalms 127:1

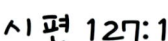
오늘의 할일

1/16

January

하나님의 인도를 받기 위해서 매일 성경을 읽으며 하나님과 함께하는 시간을 갖아야해요.

12월의 주제: 영적 성숙

12/15

December

오늘의 할일

- ✓
- ✓
- ✓

엘리야가 순종했을 때 하나님은 불을 내리셔서 희생제물을 태우는 기적을 보여주셨어요.

사랑하는 형제 여러분, 다른 사람의 말은 빨리 듣고, 자신의 말은 천천히 하십시오. 쉽게 화를 내지 말기 바랍니다.

야고보서 1:19

My dear brothers, take note of this: Everyone should be quick to listen, slow to speak and slow to become angry.

James 1:19

1월의 주제 : 꿈과 비전

내가 눈을 들어 산들을 바라봅니다. 나의 도움이 어디에서 옵니까? 나의 도움은 여호와로부터 옵니다. 하늘과 땅을 만드신 그분으로부터 옵니다.

시편 121:1-2

I lift up my eyes to the hills-where does my help come from? My help comes from the LORD, the Maker of heaven and earth.

Psalms 121:1-2

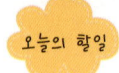

오늘의 할일

1/15

January

걸음을 옮길 때마다 예수님이 우리를 인도해 주세요.

12월의 주제 : 영적 성숙

12/**16**

December

오늘의 할일

- ✓
- ✓
- ✓

우리가 순종하면 하나님 은 우리를 통해 그분의 일을 성취하심으로 하나님을 경험하게 하세요.

여러분은 다시 태어났습니다. 이 새 생명은 죽어 없어질 것으로부터 난 것이 아니라 결코 죽지 않는 것으로부터 생긴 것입니다. 여러분이 다시 태어난 것은 영원한 하나님의 살아 있는 말씀에 의한 것입니다.

베드로전서 1:23

For you have been born again, not of perishable seed, but of imperishable, through the living and enduring word of God.

1 Peter 1:23

1월의 주제: 중과 비전

그분만이 나의 바위이시며 나를 구원하시는 분이십니다. 그분은 나의 성벽이시니, 내가 흔들리지 않을 것입니다. 시편 62:6

He alone is my rock and my salvation; he is my fortress, I will not be shaken. Psalms 62:6

오늘의 할일

1/ **14**

January

모든것을 하실 수 있는 하나님과 친밀한 사랑의 관계를 가지세요.

12월의 주제 : 영적 성숙

12/**17**

갓난아기가 젖을 찾듯이 순결한 말씀을 사모하십시오. 그러면 여러분의 믿음이 자라나고 구원을 받게 될 것입니다.   베드로전서 2:2

December

오늘의 할일

✓
✓
✓

하나님의 징계까지도 우리를 그분과의 교제로 다시 부르시는 하나님의 사랑의 표현이에요.

Like newborn babies, crave pure spiritual milk, so that by it you may grow up in your salvation,   1 Peter 2:2

1월의 주제 : 꿈과 비전

하나님은 우리의 피난처시며 힘이십니다. 어려울 때에 언제나 우리를 돕는 분이십니다.

시편 46:1

God is our refuge and strength, an ever-present help in trouble.   Psalms 46:1

오늘의 활일

1/13

January

하나님은 우리가 생각하는 것보다 더 넘치게 우리를 도와주세요.

12월의 주제: 영적 성숙

12/**18**

December

오늘의 할일

- ✓
- ✓
- ✓

우리가 하나님께 죄를 범하면 하나님과의 교제 (코이노니아)는 깨어져요.

젊은이들은 웃어른께 순종하며 겸손하십시오. "하나님은 교만한 사람을 물리치시고, 겸손한 사람에게 은혜를 베푸십니다." 베드로전서 5:5

Young men, in the same way be submissive to those who are older. All of you, clothe yourselves with humility toward one another, because, "God opposes the proud but gives grace to the humble." 1 Peter 5:5

1월의 주제 : 꿈과 비전

여호와를 생각하면서 즐거워하십시오. 그러면
주님께서 여러분의 소원을 들어주실 것입니다.

시편 37:4

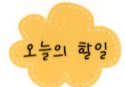

오늘의 할일

1/12

January

Delight yourself in the LORD and he will give you the desires of your heart.

Psalms 37:4

하나님은 우리의 삶에상
상할수도없는큰관심을
갖고계세요.

12월의 주제 : 영적 성숙

12/19

December

오늘의 할일

- ✓
- ✓
- ✓

하나님이 우리를 통해서 하나님 크기의 일을 하실 때 우리도 복을 받을 것입니다.

오직 우리 구주 예수 그리스도를 아는 지식과 그의 은혜 가운데 자라나기를 빕니다. 이제부터 영원까지 주님께 영광이 있기를 바랍니다.

베드로후서 3:18

But grow in the grace and knowledge of our Lord and Savior Jesus Christ. To him be glory both now and forever!

2 Peter 3:18

1월의 주제: 꿈과 비전

여호와는 나의 빛이시며, 나의 구원자시니, 내가 누구를 두려워하겠습니까? 여호와는 내 인생의 요새가 되시니 내가 누구를 무서워하겠습니까?

시편 27:1

The LORD is my light and my salvation-whom shall I fear? The LORD is the stronghold of my life-of whom shall I be afraid?

Psalms 27:1

오늘의 할일

1/11

January

예수님은 우리의 주인이세요.

12월의 주제: 영적 성숙

12/20

December

오늘의 할일

- ✓
- ✓
- ✓

우리가 순종을 통해 하나님을 경험하는 모습을 보는 사람마다 그들도 하나님을 알게 될 것입니다.

사랑하는 친구여, 그대의 영혼이 건강한 것처럼 몸도 건강하고, 하고자 하는 모든 일이 다 잘 되기를 기도합니다.

요한삼서 1:2

Dear friend, I pray that you may enjoy good health and that all may go well with you, even as your soul is getting along well.   3 John 1:2

1월의 주제: 꿈과 비전

여호와는 나의 목자시니 내게 부족함이 없습니다.

시편 23:1

The LORD is my shepherd,
I shall not be in want.

Psalms 23:1

오늘의 할일

1/**10**

January

하나님은 우리와 항상 함께 계세요.

12월의 주제: 영적 성숙

12/**21**

December

오늘의 할일

- ✓
- ✓
- ✓

하나님이 우리를 그분과의 사랑의 관계로 먼저 초청하셨어요.

이스라엘 백성들이여, 이 율법을 잘 듣고 부지런히 지키시오. 그러면 모든 일이 잘 될 것이오. 여러분은 젖과 꿀이 흐르는 비옥한 땅, 곧 여러분 조상의 하나님 여호와께서 약속하신 땅에서 큰 나라가 될 것이오.

마태복음 4:4

Jesus answered, "It is written: 'Man does not live on bread alone, but on every word that comes from the mouth of God.'"

Matthew 4:4

1월의 주제 : 믿음과 비전

나의 힘이 되신 여호와여! 내가 주님을 사랑합니다.

시편 18:1

I love you, O LORD, my strength.

Psalms 18:1

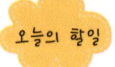 오늘의 할일

1/9

January

예수님을 따라가면 하나님의 뜻 안에서 생활할 수 있어요.

12월의 주제: 영적 성숙

12/**22**

December

오늘의 할일

- ✓
- ✓
- ✓

우리가 순종하면 하나님은 우리를 통해 놀라운 일을 행하세요.

너의 하나님 여호와께서 명령하신 것을 잘 지켜라. 그분께서 주신 계명을 지키고, 율법에 복종하며 그분께서 말씀하신 대로만 하여라. 모세의 율법에 적힌 것을 지켜라. 그렇게 하면 너는 무엇을 하든지, 어디를 가든지 성공할 것이다.

열왕기상 2:3

And observe what the LORD your God requires: Walk in his ways, and keep his decrees and commands, his laws and requirements, as written in the Law of Moses, so that you may prosper in all you do and wherever you go. 1 Kings 2:3

1월의 주제 : 꿈과 비전

그러면 지금은 보잘 것 없이 시작하겠지만, 나중에는 위대하게 될 걸세. 욥기 8:7

Your beginnings will seem humble, so prosperous will your future be. Job 8:7

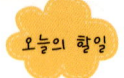

오늘의 할일

1/8

January

매일 매일 하나님이 인도하신다는 것을 믿고 따라가세요.

12월의 주제 : 영적 성숙

12/**23**

December

오늘의 할일

- ✓
- ✓
- ✓

우리가 순종을 통해 하나님을 경험하는 모습을 보는 사람마다 그들도 하나님을 경험하고 싶어 할 거에요.

만일 자네가 깨끗하고 정직하다면, 그분이 자네를 도와주실 걸세. 그러면 지금은 보잘 것 없이 시작하겠지만, 나중에는 위대하게 될 걸세.

욥기 8:6-7

If you are pure and upright, even now he will rouse himself on your behalf and restore you to your rightful place. Your beginnings will seem humble, so prosperous will your future be.

Job 8:6-7

1월의 주제: 꿈과 비전

너의 일을 여호와께 맡겨라. 그러면 너의 계획이 성공할 것이다.
                                                      잠언 16:3

Commit to the LORD whatever you do, and your plans will succeed.
Proverbs 16:3

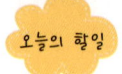 오늘의 할일

1/7

January

우리가 하나님께 순종하면 하나님은 우리를 통하여 일하시고 우리는 하나님을 경험하게 됩니다.

12월의 주제 : 영적 성숙

12/24

December

여호와의 선하심과 사랑하심이 내가 죽는 날까지 나와 함께하실 것이 틀림없습니다. 이제 나는 여호와의 집에서 영원히 살 것입니다.   시편 23:6

오늘의 할일

- ✓
- ✓
- ✓

하나님께 순종하면 그분은 우리에게 꼭 맞는 일을 위해 우리를 준비시키세요.

Surely goodness and love will follow me all the days of my life, and I will dwell in the house of the LORD forever.   Psalms 23:6

1월의 주제: 꿈과 비전

나는 너를 떠나지 않을 것이며 결코 너를 홀로 내버려 두지 않을 것이다.

여호수아 1:5 하

I will never leave you nor forsake you.

Joshua 1:5b

오늘의 활동

1/6

January

하나님의 일에 참여하기 위해서는 우리의 생활을 하나님의 뜻에 맞도록 조종해야해요.

12월의 주제 : 영적 성숙

높은 곳에서는 하나님께 영광, 땅에서는 하나님께서 기뻐하시는 사람들에게 평화. 누가복음 2:14

12/**25**

December

오늘의 할일

✓
✓
✓

하나님의 길과 일치하지 않은 길을 가고 있다면 바로 그 길에서 떠나세요.

Glory to God in the highest, and on earth peace to men on whom his favor rests.

Luke 2:14

1월의 주제 : 믿음과 비전

여러분은 여러분의 하나님 여호와께 온전히 복종하시오. 내가 오늘 여러분에게 주는 여호와의 모든 명령을 부지런히 지키시오. 그러면 하나님 여호와께서 여러분을 땅위의 어떤 민족보다 더 크게 해 주실 것이오.
신명기 28:1

If you fully obey the LORD your God and carefully follow all his commands I give you today, the LORD your God will set you high above all the nations on earth.
Deuteronomy 28:1

오늘의 할일

1/5

January

하나님은 우리를 부르셔서 우리의 믿음과 행동을 결단하게 하세요.

12월의 주제 : 영적 성숙

12/26

December

오늘의 할일

- ✓
- ✓
- ✓

우리가 하나님을 주인으로 모시고 하나님께 응답하면 그분은 우리가 꿈꿔보지도 못한 일들을 하도록 우리를 인도하세요.

어리석은 자는 마음속으로 '하나님은 없다'라고 말합니다. 그들은 썩었으며 그들의 행위는 더럽습니다. 착한 일을 하는 사람이 아무도 없습니다.

시편 53:1

The fool says in his heart, 'There is no God.' They are corrupt, and their ways are vile; there is no one who does good.   Psalms 53:1

1월의 주제: 꿈과 비전

그러므로 여러분은 먹든지 마시든지, 무엇을 하든지, 모든 것을 하나님의 영광을 위해 하십시오.

고린도전서 10:31

So whether you eat or drink or whatever you do, do it all for the glory of God.

1 Corinthians 10:31

 오늘의 활동

1/**4**

January

하나님은 성경, 기도, 환경 그리고 교회를 통해서 하나님의 뜻을 보여주세요.

12월의 주제: 영적 성숙

12/**27**

December

오늘의 할일

- ✓
- ✓
- ✓

하나님과의 올바른 교제를 위해서는 그 분의 통치권에 완전히 순복해야만 해요.

내가 여호와께 말합니다. "주는 나의 피난처이시며 성벽이십니다. 나의 하나님, 내가 주를 굳게 믿습니다." 시편 91:2

I will say of the LORD, "He is my refuge and my fortress, my God, in whom I trust." Psalms 91:2

1월의 주제: 꿈과 비전

먼저 아버지의 나라와 아버지의 의를 구하여라. 그러면 이 모든 것들이 너희에게 덤으로 주어질 것이다.   마태복음 6:33

But seek first his kingdom and his righteousness, and all these things will be given to you as well.   Matthew 6:33

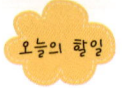

오늘의 할일

1/3

January

하나님은 우리를 그분의 일에 참여하도록 초청하세요.

12월의 주제 : 영적 성숙

사람은 대답하는 말을 듣고 기쁨을 얻나니, 적절하게 맞는 말을 하는 것이 얼마나 값진 일인가?

잠언 15:23

12/**28**

December

오늘의 할일

✓
✓
✓

A man finds joy in giving an apt reply-and how good is a timely word!

Proverbs 15:23

우리가 하나님을 따르지 않으면 우리는 하나님이 우리를 통해서 하기 원하시는 일을 놓치게 됩니다.

1월의 주제: 꿈과 비전

예루살렘아, 일어나 빛을 비추어라. 네 빛이 이르렀다. 여호와의 영광이 네 위에 떠올랐다.

이사야 60:1

오늘의 활일

1/2

January

하나님은 우리와 실제적이고, 개인적이고, 지속적인 사랑을 나누기를 원하세요.

Arise, shine, for your light has come, and the glory of the LORD rises upon you.

Isaiah 60:1